초기업의 시대

천준범 지음

MONOPOLY

Rockefeller
Microsoft
Paramount
Kakao
Naver
Facebook
Amazon
Google

초기업의 시대

그들은 어떻게 독점시장을 만드는가

page2

반독점 판결문에 남은
초기업의 전략을 좇아서

"경쟁하지 말고 독점하라."

글로벌 결제 서비스인 페이팔Paypal의 공동 창업자 피터 틸Peter Thiel
이 쓴 『제로 투 원Zero To One』 한국어판은 이런 도발적인 카피로 널리
알려졌다. 이 문장은 '경쟁은 좋은 것, 독점은 나쁜 것'이라고 배운 우
리에게 복잡 미묘한 느낌을 줬다. 그래서인지 미국 스타트업 창업자를
위한 강의 기록이자 지침서인 이 책이 우리나라에서도 대중적인 호응
을 얻게 된 것 같다. 그렇다면 우리는, 그리고 기업은 과연 독점을 위
해 노력해도 되는 것일까?

마이크로소프트Microsoft, 구글Google, 아마존Amazon, 페이스북Face-
book과 같은 거대 IT 기업들…… 지금은 그야말로 초기업의 시대다.
다국적 기업, 대기업, 글로벌 기업 같은 말도 있는데 굳이 초기업이라
는 생소한 이름을 붙일 수밖에 없는 이유가 있다. 이들은 창업한 나라
의 국경을 초월하여 수많은 나라에서 단순히 사업만 하는 것이 아니
라 전 세계 거의 모든 사람의 삶에 강력한 영향을 미치기 때문이다. 우

리나라로 좁혀 보면, 검색 포털이나 메신저라는 기본 역할을 뛰어넘어 우리의 거의 모든 일상생활에 등장한 네이버와 카카오가 있다.

하지만 위대한 IT 기업과 신기술로 세상을 바꾼 회사는 그저 혁신과 기술만으로 거대한 세계 시장에 우뚝 선 것이 아니다. 이들은 강력한 독점 전략을 취했다. 바꾸어 말하면, 독점하지 않으면 언제든 시장에서 사라질 수 있다는 사실을 누구보다 잘 알고 있었다는 뜻이나. 물론 이들도 처음에는 혁신을 통해 기존 시장을 뒤엎은 스타트업이었지만, 시장에서 승리하고 자리를 지키기 위해 혁신과 기술 외의 다양한 전략을 구사했다.

다만 120여 년 전 미국에서 만들어진 반독점법 때문에 초기업의 독점 전략은 잘 알려지지 않았다. 독점하기 위한 시도는 중대한 범죄가 될 수 있다고 규정한 법이 생긴 후 기업의 독점 전략은 비난의 대상이 됐고, 정치적인 아젠다가 됐고, 결국 수면 밑으로 들어갔다.

하지만 법이 의도한 바는 아니었겠지만, 기업의 독점 전략이 고스란히 그것도 아주 상세하게 남아 삭제되지 않는 기록이 생기고야 말았다. 바로 법원의 '반독점 판결문'이다.

아직도 미국 최대의 부자로 남아 있는 존 록펠러John D. Rockefeller의 석유 독점, 파라마운트Paramount Pictures, Inc.의 영화 독점, 마이크로소프트의 소프트웨어 독점과 같이 거대 시장에서 벌어진 대담한 전략은 물론이고, 작은 지역의 라디오 방송사나 스키장, 심지어는 아이비리그 대학이나 미식축구 리그, 그리고 가까이는 우리나라의 대기업, 심지어는 라면 시장에서 벌어진 독점 전략까지도 엄격한 증거 조사를 거쳐 법원의 판결문에 영원히 남게 됐다.

이 책은 1890년 미국의 반독점법이 처음으로 제정된 후 130여 년 동안 미국, 그리고 우리나라의 수많은 기업이 생존을 위해, 이기기 위해, 그리고 초기업이 되기 위해 치열하게 고민했던 독점 전략과 사례를 파헤친 생생한 논픽션이다. 회사의 운명을 걸고 독점 전략이 정당하다고 주장한 기업의 논리와 다양한 사회적 가치를 고민하며 반독점법에 의해 금지돼야 한다고 판단한 법원의 논리는 치열하다 못해 불꽃이 튄다. 법과 경제, 정치와 사회를 넘나들지만 어떻게 보면 평범하고 상식적이다. 창업자나 기업인은 물론이고 일상을 살아가는 평범한 직장인도 자신이나 회사가 고민 끝에 추구한 전략이 이미 수십 년 전 거대 기업이 취한 독점 전략과 같다는 사실에 놀랄지도 모른다.

이 책은 미래가 어떻게 열릴 것인지에 대해서는 이야기하지 않는다. 다가올 미래에 어떤 전략을 취해야 한다는 구체적인 조언은 없다. 판결을 기초로 했지만, 옳고 그름에 대해서는 말하지 않는다. 다만 다양한 반독점 사건 기록 속의 전략은 현재를 살며 미래를 대비하는 독자에게 무엇보다도 강력한 힌트를 줄 것으로 확신한다. 석유 시장을 독점했던 록펠러가 한 말인 "많이 사서 소비자에게 싸게 준다는데 뭐가 문제란 말인가?"라는 주장이자 탄식은 100년이 지난 지금도 아마존을 비롯한 수많은 IT 플랫폼 기업의 기본 전략 중 하나가 되었다. "함께 묶어 파는 게 소비자에게 더 좋다"라는 빌 게이츠의 말은 아직도 많은 기업이 법정에서 제시하는 가장 큰 논리 중 하나다.

『초기업의 시대』는 우리가 잘 아는 기업의 기술과 혁신 그리고 독점 전략에 관한 이야기다. 독자 여러분은 이들이 시장을 독점하고 장악하기 위해 어떤 전략을 취했는지 사실 그대로 알게 될 것이고, 무엇이 시장의 공정한 '룰'인지도 생각해볼 수 있을 것이다. 이 책의 기초가 된 글을 콘텐츠 플랫폼인 '퍼블리publy'에 처음 게재했을 때 받은 "역사를 기반으로 한 단편소설을 읽는 듯한 느낌이다"라는 평이 가장 많은 공감 수를 기록했다. 그러니 여러분도 『초기업의 시대』를 통해 즐겁게 소설을 읽듯 몰입해서 지적 고민의 시간에 빠지는 소소한 사치를 누려보길 바란다.

끝으로 부족한 글을 책으로 낼 수 있도록 독려해주신 페이지2북스 김선준 대표님, 마수미 과장님, 배윤주 대리님, 그리고 처음으로 대중을 위한 장편의 글을 끝까지 쓰는 데 용기와 힘을 주신 퍼블리 박소령 대표님, 최우창, 박혜강, 박소리 님에게 감사의 말을 남긴다. 그리고 무엇보다 이 책의 배경이 되는 시간과 공간을 모두 함께하며 항상 나를 격려하고 자랑스럽게 생각해주는 사랑하는 아내 소영과 아들 강현에게 사랑과 특별한 고마움의 말을 전한다.

2019년 10월, 서초동의 어느 카페에서

천준범

그들은 어떻게
독점시장을 만드는가

"구글 맵스Google Maps, 결국 전면 유료화!"

"올 것이 왔구나."

2018년 5월, 구글은 지도 서비스인 구글 맵스를 대대적으로 개편하면서 6월 11일부터 무료 API Application Programming Interface(컴퓨터 프로그램 사이에 정보를 주고받을 수 있는 규칙이나 방법, 기능 등을 정해 놓은 서비스, 이하 'API')를 없애고 모든 API를 유료로 제공한다고 발표했다. 물론 개인이 사용하는 구글 지도 사이트나 앱이 아니라, 구글 지도를 이용해서 서비스를 만드는 수많은 회사가 이용하는 API 서비스에 관한 유료화다.

이제 구글 지도 API를 이용하는 개발자나 회사는 반드시 구글 맵스 플랫폼 결제 계정을 만들거나 구글 클라우드 플랫폼의 결제 계정을 갖고 있어야 한다. 결제 계정을 만들면 무료로 월 200달러의 사용권을 준다고 하지만, 일단 결제 수단을 등록한 개발자나 회사에 주는 무료 쿠폰을 줄이거나 없애고 바로 과금을 부과하는 것은 구글에게 너무나 쉬운 일이다.

"이게 바로 독점기업이 돈 버는 방법이지."

구글은 자타공인 혁신 IT 기업의 대명사다. 구글이 혁신적인 검색 서비스로 출발해 지도를 비롯한 다른 서비스에서도 전 세계 소비자를 사로잡았다는 것을 부인할 사람은 없을 것이다. 국내의 지도를 외국 서버로 반출할 수 없다는 결정을 내린 한국에서만큼은 네이버, 카카오 지도에 밀리고 있다는 걸 제외한다면 말이다.

이용자가 많아질수록 정보의 가치가 높아지는 네트워크 효과가 가장 크게 발휘되는 지도 서비스의 특성상, 검색 포털과 안드로이드 운영 체제를 등에 업은 구글 지도가 다른 지도 서비스를 압도한 것은 어쩌면 정해진 결론이었을까. 애플Apple에게는 아픈 일이지만, 미국 아이폰 이용자의 70퍼센트 이상이 애플 지도 대신 구글 지도를 선호한다는 2016년의 조사 결과도 있다.[1]

구글은 세계적이고 강력한 초기업이다. 2019년 기준, 세계 검색 시장의 88퍼센트 이상[2], 동영상 스트리밍 시장의 73퍼센트 이상(유튜브)[3], 그리고 모바일 OS 시장의 86퍼센트 이상[4](안드로이드)을 차지하고 있다. 이런 기업이 이제 '살짝' 정식 이용료를 부과하기로 시작한 것이다.

그리고 이런 생각이 들었다. '『미국 반독점법 이야기』 개정판을 생각보다 빨리 준비하게 될 수도 있겠군.' 구글 맵스 API 유료화 소식을 보면서 미국의 독점기업을 공부하기 위해 서울을 떠나 뉴욕으로 향했던, 그리고 교과서에 생생히 기록된 자본주의 역사 속의 미국과 현실의 미국을 오갔던 2013년 여름이 다시 떠올랐다.

대기업과 로펌의 속살에 괴로워하던 때, 서울을 떠나다

"역시 한국은 아직 시장경제가 아니야. 합리적인 경쟁이 없어. 다 관치경제고, 다 재벌 위주고, 끼리끼리 짬짜미야."

로펌으로 몰려드는 대기업들의 온갖 담합이니 갑질이니 내부거래니 하는 사건을 밤 새워 방어하고, 왠지 더 합리적인 것 같은 다국적 기업이 한국 대기업의 경영권을 공격할 때 몸을 날려 막아야 하는 하루하루에 힘들어하던 그해 여름. 내가 이러려고 변호사가 된 건가 하고 자괴감에 괴로워하던 그때, 드디어 나는 입사할 때 약속받았던(약속받았다고 생각했던) 미국 유학길에 오를 수 있었다. 예전이나 지금도 일부 남아 있는데, 한국의 대형 로펌은 신입 변호사를 채용할 때 일정한 기간 동안 근무하면 해외 유학의 기회를 준다는 점을 강조했다. 후보자들이 정말 뛰어난 인재이기 때문이라기보다는 신입 변호사 채용 시장에서 로펌의 경쟁자가 권력과 명예라는 비금전적 가치를 주는 법원과 검찰, 즉 막강한 국가기관이기 때문이다.

원조 자본주의 시장경제의 진면목을 볼 것이라는 기대를 안고 간 뉴욕대학교NYU : New York University(이하 'NYU')에서 무려 타이틀도 긴 경쟁, 혁신 및 정보에 관한 법LL.M. in Competition, Innovation and Information

Law 과정을 이수하게 됐다. 이는 주로 외국 변호사를 위한 1년짜리 법학 석사 과정이다. 물론 1년 만에 경쟁, 혁신과 정보에 관한 모든 법을 마스터할 수는 없다. 간단히 말해 이 과정은 미국 반독점법과 지적재산권법의 개론을 배우는 일종의 융합 과정이다. 두 법은 혁신을 촉진하기 위해 독점을 못 하게 막기도 하고, 독점권을 국가가 부여하기도 하는 양면성을 가지고 있다.

'차라리 처음부터 이렇다고 가르치지.'
강의실을 나와 처음 몸으로 부딪힌 한국의 시장. '월화수목금금금'인 로펌의 일상도 쉽지 않았지만, 그 속살을 볼 때마다 더 힘들었다. 기업에게 공정거래란 어떻게 하면 계열사에 거래를 줄 것인지의 논리를 만들기 위한 것, 어떻게 하면 담합으로 적발되는 것을 피해 골고루 시장의 파이를 나눠 먹을 것인지를 고민하기 위한 것이었다. 그리고 대부분의 큰 인수합병 M&A : Mergers&Acquisitons (이하 'M&A')은 더 효율적으로 사업을 하려는 전략의 산물이라기보다는 소위 '오너'라 불리는 개인들 사이의 거래나 상속 때문이었다.
혁신과 경쟁, 공정한 시장의 룰, 이런 것을 차라리 학교에서 가르치지 말지. 마치 아이에게 맞지 않는 아빠의 양복을 입혀 놓은 듯했다. 미국과 일본, 독일에서 가져온 한국의 법과 제도는 너무 이상적이거나, 한국을 너무 모르고 만들었거나, 아니면 시대보다 너무 앞서 있다고 생각했다. 한국의 기업은 지나치게 계열사에 의존하고, 담합으로 시장을 지키고, 정치와 관치금융에 유착되어 있다고 생각했다. 하지만 시장경제 자본주의의 원조이자 '보이지 않는 손'이 자원을 효율적으로 배분하고 있을 미국의 회사들, 특히 혁신의 아이콘인 애플과 구글 그리고 아마존과 같은 젊은 IT 회사는 치열한 경쟁과 연구개발을 통해 시장을 선도하고 있을 거라고 생각했다.

'돈을 벌려면 제대로 좀 벌지.' 불만에 가득 찬 투덜이가 해방구를 찾아가듯, 뉴욕행 비행기를 탄 나의 마음은 그랬다.

이미 모든 것을 빨아들이고 있던 초기업, 구글과 아마존

'한국은 세계적인 IT 선진국'. 누가 심어준 환상이었는지, 혹은 '국뽕(국가에 대한 자긍심이 과도하게 올라가 무조건 국가를 추켜세우는 상태를 비꼬는 표현)'이었는지. 2013년 미국의 IT 수준은 솔직히 놀라웠다. 지금은 한국에서도 당연한 일이 되었지만, 그때 이미 미국에서는 집을 구할 때 부동산을 찾아갈 필요가 없었다. 깔끔한 화면의 모바일에서 선명한 사진은 물론 지역의 범죄율과 학교 등급, 통근 시간 등 자세한 정보까지 모두 미리 볼 수 있었다. 작은 아파트도 관리비는 홈페이지에서 온라인으로 결제했다. 식당 예약도 인터넷으로 되는 곳이 많았다.

무사히 집을 구하고, 너무 오랜만에 '학생' 신분으로 NYU 이메일 계정을 받고 미국 생활에 적응하면서 더 큰 놀라움이 생겨났다. 과제를 위한 모든 조사의 시작은 구글 검색, 사진 저장과 노트 필기는 구글

드라이브Google Drive, 여행 계획은 비행기 노선과 일정을 마음대로 바꾸면서 최저가 편명을 찾아보는 구글 플라이트Google Flights를 이용했다. 소도시의 버스 노선과 숙소 평가까지 한꺼번에 보는 구글 맵으로 여정을 결정하고, 구글 캘린더Google Calendar에 일정을 저장한 다음, 마치 내가 직접 여행을 간 것 같이 자연환경과 건물까지 3D로 보여주는 구글 어스Google Earth까지. 유료 서비스라고 해도 전혀 손색이 없을 서비스가 하나의 무료 계정으로 제공되는데, 특히 미국 생활에 처음 적응하는 유학생이 도저히 쓰지 않을 수 없는 수준이었다.

학교 이메일을 만들자마자 날아온 프로모션 링크를 타고 아마존 프라임Amazon Prime 계정을 만들자 또 한 번의 신세계가 열렸다. 특히 운전면허시험장DMV : Department of Motor Vehicles으로 대표되는, 항상 긴 줄을 서야 하는 느려 터진 미국의 오프라인 행정 서비스에 답답해하다가 아마존 프라임의 서비스를 접하니 상대적인 행복은 배가 되었다.

모든 온라인 구매는 말 그대로 모바일은 물론 PC에서도 '원터치', '원클릭'에 결제가 완료되고 이틀 만에 배송된다. 그때까지만 해도 한국에서 인터넷 결제란 뭔지 모를 새로운 창이 몇 개 뜨고, 여러 가지 프로그램을 설치해야 하는 고귀한 액션이었다. 그런데 아마존의 결제 시스템은 '정말 결제가 된 건가?' 하는 의심이 들 정도로 무시무시했다. 그리고 킨들의 무제한 콘텐츠까지 덤으로 쏟아졌다. 이 모든 것은 역시 무료였다(참고로 아마존은 대학교 이메일 계정이 있으면 아마존 프라임을 6개월간 무료로 이용할 수 있게 해준다).

"구글과 아마존이 없으면 일상생활을 할 수가 없다."

온몸으로 이 말을 실감했다. 구글과 아마존이 정말 거대한 회사라는 생각은 들었지만, 하나도 무섭거나 두렵지는 않았다. 너무 편리했으니까. 그리고 모두 공짜였으니까.

어쩌면 모든 독점기업의 '워너비'일지도

가을 학기가 시작되었다. 본격적으로 미국의 독점기업을 공부하기 시작했다. 반독점법 케이스를 하나하나 공부하면서, 미국 자본주의 시장경제의 역사를 거슬러 올라갔다. 교과서를 열어 몇 장 넘기자 이 이름이 나왔다. '존 록펠러'.

왠지 자선이나 기부, 근검절약 등 이런 말과 어울려야 할 것 같은 이 이름은, 아직도 깨지지 않는다는 미국 역사상 최고 부자의 이름이다. 또한 이 이름은 미국 의회가 반독점법을 만들게 된 결정적인 계기로 교과서의 맨 앞에 등장하고 있었다. 그리고 혁신의 대명사인 위대한 IT 기업의 이름이 이어졌다. IBM, 코닥Kodak, 마이크로소프트…… 바로 반독점 판결 속의 이름으로.

바로 오늘 일어났다고 해도 전혀 어색하지 않은, 수단과 방법을 가리지 않는 미국의 거대 초기업의 전략은 한국 기업보다 한 수 위였다. 아니, 한국 기업이 배웠을지도 모르겠다. 그렇게 130년 미국 시장경제의 독점기업을 알게 되니, 구글과 아마존이 조금 무서워졌다.

'이들도 선배들과 같은 길을 가겠구나.' 시장을 독점하기 위해, 그리고 독점을 유지하기 위해, 모든 수단과 방법을 가리지 않았던 미국의 초기업들. 그리고 큰돈을 벌어들인 독점기업에게, 법원이 불법으로 판결을 내린 방법들.

이 책은 혁신의 대명사였던 위대한 기업들, 하지만 반독점 판결에 불명예스러운 이름을 올리기도 했던 그 기업들에서 어떤 일들이 있었는지 한 꺼풀 더 들어가 본 이야기다. 소문이 아니라 판결문 속에 들어있는 '팩트' 그 자체로.

차
례

1장
최초의 독점기업, 록펠러의 스탠더드오일

2장
마이크로소프트는 어떻게
인터넷 시장을 독점했을까

3장
진화하는 미국의 독점기업

4장
독점을 뒤좇는 과점 시장이 형성되다

5장
아마존은 시장을 절대 나눠 갖지 않는다

6장
한국형 아마존도 나올 수 있을까

7장

한국에서 반복된 독점기업의 움직임

8장

모바일시대의 기업이 가야 할 길

최초의 독점기업,
록펠러의 스탠더드오일

MONOPOLY

그 들 은
어 떻 게
독점시장을
만 드 는 가

반독점법 수업에서 마주한
스탠더드오일

NYU에는 따로 캠퍼스가 없다. 뉴욕 맨해튼 한복판에 위치한 로어 맨
해튼Lower Manhattan(남북으로 긴 맨해튼섬의 남쪽 끝 지역을 말한다. 뉴욕이 처
음 시작된 곳으로 월스트리트 등이 위치해 있다. 서울 광화문이나 종로와 같은 분
위기를 풍긴다)과 미드타운Midtown(맨해튼섬의 중간 지역으로 센트럴파크Cen-
tral Park 남쪽을 말한다. 서울의 강남과 같이 고층 빌딩이 밀집한 업무의 중심지이
다) 사이가 그냥 도시이면서 캠퍼스다. 학교 건물의 대부분은 파리의
개선문을 본뜬 웅장한 워싱턴 스퀘어 아치Washington Square Arch가 있
는 워싱턴 스퀘어 파크Washington Square Park 주변에 있다. 학교 운동장
정도의 크기로 작지만, 사계절 내내 아름다운 이 도심 속 공원을 앞마

당으로 쓴다. 그리고 여기에서 북쪽으로 가면 유명한 맨해튼 5번가5th Avenue가 시작된다.

이 아름다운 공원의 남쪽 한구석에 로스쿨 건물이 있다. 경쟁, 혁신 및 정보법 과정의 첫 학기가 시작되어, 백발의 단발머리가 멋지게 어울리는 엘리너 폭스Eleanor Fox 교수님의 반독점법 수업에 들어갔다. 낡은 원형 강의실의 중간쯤에 자리를 잡고 미국 드라마에서나 보던 검은색 하드커버 표지에 깨알 같은 판례가 적혀 있는 미국 로스쿨 교과서의 첫 장을 넘겼다.

"19세기 후반 산업혁명이 미국 시장의 모습을 바꾸었다. 교통과 통신의 혁신, 전신의 발전과 전화의 발명이 더 많은 거래를 더 빨리 이

❚ 독점기업의 사례로 가득한 로스쿨 교과서. 법은 그들에게 어떤 판결을 내렸을까?

루어질 수 있게 해주었다. (…) 반독점법 제정의 계기가 된 스탠더드오일Standard Oil, 가장 유명한 이 거대 트러스트trust(원래 뜻대로라면 '믿는다'라는 의미가 맞다. 우리나라의 '신탁'과 비슷한 제도라고 생각하면 된다. '신탁'이란 믿고 맡긴다는 의미이고, 내 재산을 다른 사람에게 맡겨서 관리하게 하는 제도다. 하지만 록펠러는 이 제도를 다르게 이용했다. 그는 미국 각 주에 흩어져 있는 회사의 주주들로 하여금 주식을 자신에게 '맡기도록' 해서 우리나라 재벌과 같은 거대한 기업 집단을 만들었다)가 결성된 것이 1882년이었다."

정말 오랜만에 강의실에 앉아 두꺼운 교과서를 보니 잠이 솔솔 왔지만, 스탠더드오일이라는 이름이 눈길을 끌었다. '스탠더드오일이라, 표준 기름?', 이름도 참 특이했다. 마치 서울의 삼청동 가는 길에 있는 'The Restaurant'이라는 식당 이름처럼 자부심의 표현이었을까. 노트북을 열고 구글과 위키백과를 검색했다. 스탠더드오일, 미국에서 그렇게 유명하다는 이 회사는 도대체 뭐 하는 회사였을까.

리베이트의 원조,
많이 사서 싸게 준다는데 뭐가 문제인가?

록펠러. 이름을 보니 조금 친근하게 느껴진다. 록펠러 재단. 자선사업

┃뉴욕에 위치한 록펠러센터

을 많이 하는 노벨재단 같은 곳으로 기억 속에 어렴풋이 남아 있는 곳. 그리고 그의 이름을 딴 록펠러센터 Rockefeller Center 는 뉴욕에서 엠파이어 스테이트 빌딩 Empire State Building 을 볼 수 있는 전망대로, 꼭 가야 하는 곳으로 콕 찍어 놓았던 유명 관광지가 아니던가! 스탠더드오일이라는 생소한 이름의 회사는 바로 이 록펠러의 회사였다. 조금 흥미가 생겼다. 검색은 계속 꼬리에 꼬리를 물고 이어졌다.

록펠러의 스탠더드오일은 미국 남북전쟁이 끝나고 호황을 누리던 19세기 후반에 미국의 석유 시장을 완전히 독점한 회사였다. 시장 점유율이 90퍼센트였다는 말도 있고, 80퍼센트였다는 말도 있다. 심지어 미국뿐만 아니라 전 세계 석유 시장을 장악했다고 한다. 놀랍다. 어

초기업의 시대

떻게 이런 일이 일어났을까? 지금으로부터 130년 전이지만 당시에도 미국은 이미 세계적인 강대국이었고, 필리핀과 쿠바 등 스페인 식민지를 접수하며 뒤늦게 제국주의적 팽창을 계속하고 있던 시절이었다. 경제 규모 역시 이미 유럽을 넘어섰고, 수많은 이민자가 아메리칸 드림을 꿈꾸며 유럽에서 뉴욕의 자유의여신상 옆에 자리한 엘리스섬Ellis Island 이민국을 통해 미국으로 쏟아져 들어오던 시절이었다. 강의 시간은 흘러갔지만, 링크에 링크를 타고 검색의 바다로 빠져들었다.

그런데 리베이트rebate? 어감이 좋지 않다. 뭔가 불법적이고, 우리말 그대로 번역하면 '뒷돈'이 아닌가? 스탠더드오일을 만든 결정적인 수단은 '리베이트'였다는 기사가 많았다. 자선사업과 멋진 전망대의 이름인 록펠러가 그러면 안 되는데. 뭔가 탐정이 된 마음으로 계속 더 찾아 들어갔다.

회사를 넘기고 가족을 구하든지, 아니면 망하든지

1870년대는 미국 경제의 격변기였다. 남북전쟁이 끝나고, 동쪽과 서쪽에서 각각 출발한 철도 회사인 유니언 퍼시픽 레일로드Union Pacific Railroad와 센트럴 퍼시픽 레일로드Central Pacific Railroad의 경쟁으로 전 미국인의 관심을 끈 대륙횡단철도가 1869년에 완공되었다. 그러자 사

┃존 록펠러의 모습

설 철도 회사들이 각 도시를 연결하는 철도를 경쟁적으로 놓기 시작했다. 대륙횡단철도라는 대동맥과 거미줄같이 도시와 도시를 잇는 사설 철도를 타고 사람과 물건이 엄청난 물량과 속도로 움직이기 시작했다.

록펠러는 넉넉하지 않은 집안에서 태어난 평범한 소년이었다. 하지만 고등학교도 졸업하지 않은 그는 16세부터 사업을 시작했고 20세가 되던 1859년, 석유가 발견되자 정유업에 자신의 모든 사업적 역량을 쏟아부었다. 신용을 바탕으로 은행에서 많은 돈을 빌려 곧바로 사업 확장에 투입하는 모험적인 행보를 계속했다. 많은 물량과 압도적으로 싼 운송비로 정유 사업을 급속도로 확장하던 록펠러는 1870년에 클리블랜드Cleveland에서 스탠더드오일을 설립했다. 그러던 중 1871년 12월에 전쟁이 벌어졌다.

'클리블랜드 대학살The Cleveland Massacre'이라고 불리는 당시 사건은 킬링필드The Killing Fields(1975년부터 1979년까지 캄보디아의 무장 군사 조직인 크메르 루즈Khmers Rouges가 백만 명 이상을 학살해 묻은 사건)처럼 많은 사람이 죽은 사건은 아니다. 이는 록펠러의 스탠더드오일이 은행, 철도 회사와 연합하여 클리블랜드의 경쟁 정유업자들에 대한 대규모 적대적 M&A 광풍을 일으킨 사건이다.

"회사를 나에게 팔고 가족의 생계를 지키든지, 아니면 나와 경쟁하다 가 파산해서 거지가 되든지."

록펠러의 선언 이후 단 4개월 만에 클리블랜드의 경쟁 정유업자 26개 중 22개는 스탠더드오일의 소유가 되거나 파산했다. 은행은 스 탠더드오일의 주식을 가지고 있었고, 철도 회사에게 스탠더드오일은 가장 큰 고객이었다. 이들은 모두 록펠러의 편이었다. 클리블랜드 정 유 시장을 휩쓴 여세를 몰아 피츠버그Pittsburg, 볼티모어Baltimore, 뉴욕 의 정유 회사도 록펠러가 장악한다. 그리고 운명의 1882년, 록펠러는 석유 생산, 정유, 운송, 공급 등을 하는 41개 회사를 일사불란하게 통 제하는 '스탠더드오일 트러스트'를 결성한다.

당시 록펠러가 클리블랜드에서 시작한 정유 사업은 석유를 등유 (19세기 후반, 고래기름을 대체하는 연료로 등장하여 조명용, 난방용 연료로 쓰였 고, 지금도 가정용 혹은 교통기관의 연료로 쓰이는 정제된 석유의 일종)로 정제 하는 사업이다. 클리블랜드는 미국 중부의 도시이고, 뉴욕에서 시카고 로 가는 길목에 있다. 메이저리그 구단인 클리블랜드 인디언스Cleveland Indians가 있다는 것만 알고 있었는데, 19세기 후반에는 큰 유전油田이 발견되면서 마치 지금의 중동과 같은 분위기였다고 한다. 이곳에서 다 른 사업을 근근이 하던 록펠러는 유전이 발견된 후 원유를 정제해서 대도시인 뉴욕과 시카고에 판 것이다.

석유를 운반하는 것은 기차였다. 미국의 넓은 땅이 철도로 거미줄처럼 연결되기 시작한 때였다. 동부와 서부를 연결하는 대륙횡단열차를 통해 수많은 사람과 자원이 오가고 있었다. 하지만 석유는 대부분 유조차를 통해 운송되고 있던 그때, 록펠러는 '철도왕'이라 불리던 철도 사업자 코닐리어스 밴더빌트Cornelius Vanderbilt를 만난다. 그리고 이렇게 제안한다.

> "나에게만 운임을 71퍼센트 할인해주시오. 그러면 다른 정유업자보다 훨씬 많은 양, 매일 유조차 60개 분량의 운송을 계약하겠소."

어쩌면 세계 최초의 차별적 운임 계약이자 리베이트 계약인지도 모른다. 리베이트란, 소비자가 어떤 물건이나 서비스에 대한 가격을 지불한 후 일부를 돌려받는 형태를 의미한다. 1,000원을 결제하고 50원을 캐시백으로 돌려받는 형태를 생각하면 된다. 처음부터 50원을 할인받아서 950원만 결제하는 것과 어떻게 다를까? 이미 할인 또는 리베이트를 받은 사람의 입장에서는 똑같은 50원 할인이다. 하지만 아직 구매하지 않은 사람의 입장에서는 다르다. 50원을 할인받을 수 있을지 없을지 알 수 없기 때문이다. 일단 판매자가 1,000원으로 가격표를 적어 놓으면 소비자에 따라 할인해주기 어려워진다. 그래서 '차별적인' 가격 할인은 주로 리베이트, 즉 일단 결제한 후 다시 돌려받는 형태로 이뤄진다. 처음부터 950원의 가격표를 붙이면 소비자에 따라 다르게 할인을 적용할 수 없기 때문이다.

초기업의 시대

▍초기 투자 비용이 높은 철도 산업

철도 산업은 대표적인 자본 집약적 산업, 즉 사업 초기에 큰돈이 들지만 일단 시설을 깔면 운영에는 큰 비용이 들지 않는다. 이렇게 큰돈을 들여 설치한 철도에 얼마나 많은 물량을 운송하는지에 따라 수익이 결정되는 산업의 특성상, 조금이라도 더 많은 운송 물량을 약속하는 상대에게 더 싼 운임을 적용할 동기는 충분했다. 만약 손해가 있다면 적은 물량을 운송하는 일반 운임을 올려서 보충하면 되는 것이다.

철도 회사가 스탠더드오일과 이런 계약을 했다는 사실을 알게 된 다른 철도 이용자는 차별 요금 정책에 강력히 항의했다. 입장료 단체 할인, 묶음 할인을 흔히 볼 수 있는 현대의 우리로서는 다소 이상하다고 생각할 수도 있다. 하지만 처음 설치하는 데 큰돈이 들어가는 철도 산업은 정부가 지원하거나 보조하는 경우가 많았다. 때문에 당시 미국의 철도는 개인 소유인 사설 철도라 해도 공공사업이라는 인식이 강했다. 하지만 록펠러는 당당했다.

> "누가 소고기를 가장 싸게 살 수 있겠는가? 가족을 위해 장을 보는 주부이겠는가? 수백 명의 손님을 위해 구입하는 클럽이나 호텔의 구매 담당자이겠는가? 아니면 수천, 수만 명의 군인을 위해 구입하는 군부대의 행정보급관이겠는가? 그렇다면 철도 회사로부터 리베이트를 더 받을 자격이 있는 사람은 누구겠는가?"
>
> – 『불타는 미국America Aflame: How the Civil War Created a Nation』(2011)에 수록된 록펠러의 말

철도왕 밴더빌트와 서로 윈윈의 합의를 한 록펠러는 경쟁자를 압도하게 된다. 그리고 규모가 할인을 가져오는 선순환이 시작된다. 현대의 소비자 역시 단 10원이라도 싼 주유소를 찾아 헤매기 마련인데, 당시 미국의 소비자도 1센트라도 싼 등유라면(게다가 '표준 기름'이라는 멋진 브랜드를 단 믿을 만한 품질의 제품이라면) 다른 제품을 찾을 이유가 없지 않았을까.

사실 리베이트는 일상에서 아주 흔하게 받는 것이다. 통신사 캐시백, 항공사 마일리지 등이 모두 리베이트의 일종이다. 록펠러와 철도 회사의 거래를 보고 과연 누가 절대적으로 옳거나 틀리다고 말할 수 있을까.

결국 1890년, 미국 전체 석유 시장의 88퍼센트는 록펠러가 독점하게 된다. 미국의 석유 공급과 가격은 사실상 록펠러가 모두 결정하게

된 것이다. 어마어마한 부가 쌓이기 시작했다. 그리고 록펠러의 거대한 성공을 본 미국 경제에 트러스트의 광풍이 몰아쳤다. 철강 트러스트, 구리 트러스트, 금융 트러스트까지. 미국의 모든 산업이 돈을 벌기 위해 트러스트로 똘똘 뭉치기 시작했다.

그때서야 의회에서 반독점법Sherman Anti-trust Act을 제정했다. 'Anti-monopoly'가 아니라 'Anti-trust'라는 이름이 붙은 이유는 이러한 역사 때문이다. '믿음'이라는 뜻이어야 할 '트러스트'를 이용한 독점, 이러한 독점을 막기 위한 법을 존 셔먼John Sherman 상원의원이 발의했고 의회를 통과했다.

한 권의 책이
초대형 회사를 조각내다

하지만 법은 강하지 않았다. 1890년에 만들어진 반독점법은 십수 년이 넘도록 별 효과가 없었다. 스탠더드오일은 여전히 미국 석유 시장을 강력하게 장악했다. 록펠러는 트러스트를 정면으로 금지하는 법을 피해 지주회사holding company를 허용하는 뉴저지주New Jersey*로 본사를

• 회사가 다른 회사의 주식을 소유할 수 있다는 것이 당연하다고 여겨지는 지금과 달리, 19세기에는 한 회사가 다른 회사의 주식을 소유하는 지주회사는 허용되지 않는 것이 일반적이었다. 하지만 1898년 뉴저지주에서 미국 최초로 다른 회사의 주식을 허용하는 법이 통과됐고 1899년 델라웨어주가 이를 따르면서 '지주회사'라는 개념이 생기기 시작했다.

이전했다. 그리고 미국 각 주에 있는 스탠더드오일 지사의 주식을 소유하여 여전히 미국 전역의 회사를 일사불란하게 통제할 수 있었다. 매년 천문학적인 돈이 쌓였고 다른 트러스트도 건재했다. 그런데 갑자기 나타난 책 한 권이 잊히고 죽어가던 법의 불씨에 기름을 끼얹었다.

아이다 타벨Ida M. Tarbell이 쓴 책,『스탠더드오일의 역사The History of the Standard Oil Company』는 우리나라로 치면 「나는 꼼수다」나 「그것이 알고 싶다」 같은 탐사 보도의 한 종류라고 할 수 있다.

130년 전, 19세기에서 20세기로 넘어가던 당시는 미국의 산업과 자본주의가 폭발적으로 성장하면서 소수의 사람이 막대한 부를 축적하고 빈부격차가 크게 벌어지던 시대였다. 대학에서 경제학개론을 들었다면 한 번쯤 '베블런 효과Veblen effect(어떤 상품에 대한 가격과 수요가 반비례 관계를 이루지 않고, 상품의 가격이 오르는데도 일부 계층의 과시욕이나 허영심 등으로 인해 수요가 줄어들지 않는 현상)'를 들어보았을 것이다. 1899년 사회학자 소스타인 베블런Thorstein B. Veblen이『유한계급론The Theory of the Leisure Class』에서 부유층의 물질만능주의를 비판한 데서 생겨난 말이다. 이러한 사회적 분위기 속에서 1901년, 미국 역사상 최연소로 만 42세의 시어도어 루스벨트Theodore Roosebelt(미국 제25대 대통령. 4선으로 유명한 제31대 대통령 프랭클린 루스벨트Franklin Roosebelt와는 다른 인물)가 대통령으로 당선되자, 미국 사회와 경제의 누적된 모순에 대한 고발이 더욱 강하게 쏟아지기 시작했다.

바로 미국의 진보시대(미국의 사회운동과 정치개혁이 강하게 이루어지던

1890년대부터 1920년대까지의 시기)라고 불리던 시기다. 2017년 만 39세의 에마뉘엘 마크롱Emmanuel Macron이 프랑스 대통령으로 당선됐을 때, 프랑스는 물론 전 세계가 프랑스 사회에 누적된 모순과 문제, 그리고 젊은 대통령의 개혁 방향에 주목했다. 130년 전의 미국도 이와 비슷한 상황이었다. 이 시기에는 특히 폭로 기자muckraker라고 불린 저널리스트의 활동이 두드러졌다.

20세기로 넘어오면서, 전국적으로 발행되고 수십만 명의 구독자를 보유한 잡지가 생기는 등 미디어의 영향력은 더욱 커졌다. 이들은 정치 권력과 기업의 유착관계를 폭로했고, 독점에 의한 사회적 문제를 파고들었다. 이 중 가장 유명한 것은 1893년에 창간된《매클루어스McClure's》였다. 아이다 타벨의『스탠더드오일의 역사』도 1904년《매

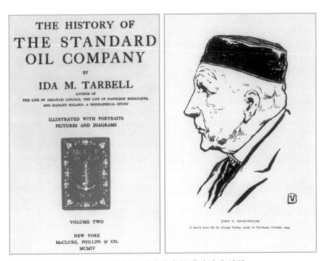

▎『스탠더드오일의 역사』책의 첫 페이지와 록펠러의 초상화

클루어스》에 연재된 기획기사였다. 그녀는 스탠더드오일에서 근무했던 아버지의 동료들을 통해 록펠러와 스탠더드오일에 관해 상세하게 인터뷰할 수 있었다. 그리고 록펠러가 철도 회사로부터 받은 리베이트를 비롯해서 경쟁자를 무자비하게 무너뜨렸던 이야기를 하나하나 상세하게 연재했다. 당시는 물론 지금까지도 깨지지 않는 미국 최고의 부자에 대한 폭로였고, 독자의 반응은 폭발적이었다. 19회에 걸친 연재가 끝나자 《뉴욕타임스The New York Times》를 비롯한 수많은 언론의 찬사가 쏟아졌고, 이 연재물은 단행본으로 출판되기에 이른다.

40대 중반의 중견 저널리스트였던 아이다 타벨의 책은 전미 베스트셀러가 되었다. 책은 록펠러의 스탠더드오일이 정유 시장을 독점하게 된 과정을 대중에게 상세하고 생생하게 전달했다. 대중은 분노했고, 회사를 해체하는 것에 대한 사회적·감정적 분위기가 마련된 것이나 다름없었다. 1906년, 미국연방법무부DOJ : Department of Justice(참고로 우리나라에서는 공정거래위원회가 공정거래법 위반에 관한 대부분의 사건을 처리한다. '전속고발제'라는 것이 있던 얼마 전까지는 공정거래위원회가 독점적으로 처리했다. 독점을 막기 위해 일하는 기관이 독점적인 권한을 가졌던 것이 아이러니다. 하지만 미국에서는 법무부와 연방거래위원회가 각각 사건을 처리하며 그 범위와 방법은 서로 다르다)의 반독점국은 드디어 스탠더드오일에 대한 반독점 소송을 제기한다. 그리고 5년 뒤인 1911년 5월 15일, 미국연방대법원은 역사적인 회사 해체 판결을 선고한다.[5]

초기업의 시대

"스탠더드오일을 34개 회사로 분할한다."

　재미없는 법원의 판결이 신문 1면에 오르는 일은 좀처럼 없다. 하지만 이 판결 선고가 내려진 바로 다음 날, 뉴욕은 물론 미국 전역의 신문은 미국 최대 트러스트, 스탠더드오일의 해체 판결을 1면에 올렸다. 《시카고트리뷴Chicago Tribune》은 대법관 9명의 사진을 모두 1면 맨 위에 게재하고 록펠러를 비롯한 스탠더드오일의 주주 명단을 나열하면서 이런 제목을 뽑았다.

　　"대법원, 스탠더드오일 문어를 죽이다Supreme Court Kills Standard Oil Octopus."

　대법관의 사진 아래에 있는 그림에는 '마음 졸이는 일은 이제 끝The suspense is over'이라는 제목하에, 대법원 법정에서 쫓겨나면서 "나는 불법, 해산해야 함"이라고 말하는 스탠더드오일이 보인다. 스탠더드오일이 앉아 있는 계단 아래에서 다른 독점기업(트러스트)이 "나에 대한 영향은?! 이제 어디에 서야 하지?"라며 안절부절못하고, 한쪽 옆에서는 "사느냐, 안 사느냐, 그것이 문제로다"라고 중얼거리는 다른 기업이 분할되는 스탠더드오일에 대한 또 다른 시각을 보인다.

스탠더드오일 해체 판결이 실린 《시카고트리뷴》의 1면 © ChicagoTribune

록펠러는 죽어도
그의 부는 죽지 않았다

강의가 끝났다. 워싱턴 스퀘어 파크로 나왔다. 워싱턴 스퀘어 아치를 통과하면 5번가의 시작이다. 길을 따라 북쪽으로 터덜터덜 걸어갔다. 23번가에 걸쳐 있는 유명한 플랫 아이언 빌딩Flat Iron Building과 매디슨스퀘어 파크Madison Square Park를 지나, 엠파이어 스테이트 빌딩 아래

32번가의 한인타운에서 잠시 요기를 했다.

그리고 늦여름의 햇살을 즐기며 49번가까지 가면 이제 그곳이 있다. 록펠러센터. 겨울에는 멋진 스케이트장과 크리스마스트리로 영화의 단골 배경이 되는 곳. 70층 꼭대기에서 엠파이어 스테이트 빌딩의 멋진 모습과 맨해튼 전경, 그리고 센트럴파크까지 한눈에 볼 수 있는 이곳은 사실 관광지는 아니고 종합 사무용 빌딩 단지다. 서울의 삼성동 무역센터와 비슷한 곳이라고나 할까. 티켓을 끊고 전망대인 톱 오브 더 록Top of the Rock에 올랐다.

바람이 시원했다. 남쪽으로는 맨해튼의 건물 숲과 허드슨강Hudson river, 그리고 멀리 대서양 바다가, 북쪽으로는 도시 안에 네모 반듯하게 자리 잡은 거대한 센트럴파크가 멋지게 펼쳐졌다. 지평선 어디에도 작은 산 하나 보이지 않는 넓고 풍요로운 땅이자 미국으로 들어오는 이민자의 관문이었던 뉴욕 맨해튼.

그리고 모여드는 사람들 속에서 거대한 부를 축적한 '석유왕' 록펠러. 끝내 회사는 분할되었지만, 그래도 록펠러의 부는 죽지 않았다. 록펠러센터가 지어지고 있던 1937년, 그가 사망할 당시 가진 재산을 지금 돈으로 환산하면 무려 약 3360억 달러(약 337조 원)라고 한다. 그 재산은 당시 미국 경제의 1.5퍼센트 이상을 차지했다. 미국의 역대 부자 중 압도적인 1위다. 여기에 비교하면 빌 게이츠Bill Gates의 재산은 4분의 1 수준일 뿐이다.

∥ 록펠러센터의 전망대인 톱 오브 더 록에서 보이는 맨해튼 풍경

반독점법을 만든
세계 최고의 부자

어두운 밤을 밝히기 위해 고래기름을 램프의 연료로 쓰던 시절, 록펠러는 석유가 사람들의 밤을 밝힐 미래가 될 것이라는 사실을 예견했다. 그리고 스무 살에 정유 사업을 시작한 혁신가였다. 1859년, 펜실베니아주에서 에드윈 드레이크Edwin Drake가 조명용 램프의 연료를 구하기 위해 땅을 굴착하여 석유를 발견하는 데 성공했다. 그 전까지 미국에서는 고래기름이 가장 우수한 연료로 사용됐다. 에드윈이 석유를 최초로 발견한 것은 아니다. 하지만 최초의 유정 굴착자로서 석유 대

량 공급 가능성의 문을 열었다는 데에 의미가 있다.[6] 하지만 석유를 세상에 본격적으로 알린 것은 록펠러였다. 그는 젊었고, 시대의 변화를 정확히 읽었고, 사업 확장에 무모할 정도로 과감했다.

하지만 동시에 리베이트를 받으며 압도적으로 비용을 낮춰 경쟁자를 몰아내고, 무자비한 적대적 M&A를 통해 경쟁자를 인수하고, 은행과 협력 회사를 통제하고, 트러스트를 조직해서 같은 업종은 물론 주변 업종까지 모두 독점해서 어마어마한 부를 쌓았다. 그리고 역설적으로 록펠러가 시장을 장악하기 위해 썼던 방법은 1890년 세계에서 처음으로 제정된 반독점법이 무엇을 금지해야 할지를 정하는 데 가장 중요한 기준이 되었다.

- 담합하지 말 것
- 가격으로 경쟁자를 몰아내지 말 것
- 독점을 위해 M&A하지 말 것

록펠러 이후 그보다 더 큰 부를 쌓은 기업이 나오지 않은 것은 반독점법이 록펠러의 마법을 막았기 때문일까? 거대 초기업이 시장을 장악하고 있는 지금, 독점기업의 역사는 앞으로 나아가고 있을까, 아니면 다시 반복되고 있을까. 하드커버 안의 스토리는 시대를 바꿔가며 계속되었다.

2장

마이크로소프트는 어떻게
인터넷 시장을 독점했을까

MONOPOLY

그 들 은
어 떻 게
독점시장을
만 드 는 가

추억이 된
넷스케이프

'넷스케이프 내비게이터Netscape Navigator'. 기억에 어렴풋이 남은 고풍스러운 이 이름은, 생각해보니 대학에 막 입학했을 때 모든 학교의 전산실 컴퓨터에 설치된 웹브라우저의 이름이었다. 인터넷을 하기 위해 그렇게나 많이 클릭했던 청록색 'Ⓝ' 아이콘의 이름.

1994년에 처음 나온 넷스케이프는 전 세계인을 파란 화면에 하얀 텍스트만 쓸 수 있던 PC통신에서 화려한 월드와이드웹World Wide Web의 세상으로 인도한 혁신적인 존재였다. 그 전에 모자익Mosaic 같은 웹브라우저가 있긴 했지만, 넷스케이프는 나오자마자 이용자들의 엄청난 호응과 함께 웹브라우저의 표준이 되었다. 그야말로 혁신적인 기술과 우월한 품질로 웹브라우저 시장을 자연스럽게 독점한 사례였다. 넷스케이프의 등장과 함께 천리안, 하이텔, 나우누리 같은 PC 통신 서비스는 빠르게 종말을 고했고, 사람들은 빠르게 유니텔, 프리챌 같은 웹 기반 서비스로 옮겨갔다. 인터넷을 한다는 건 곧 웹브라우저를 연다는 것을 의미하기 때문에, 컴퓨터 바탕화면에서 가장 많이 클릭하게 된 것도 이 Ⓝ 아이콘이었다.

그런데 기억해보니 어느 순간부터는 청록색 Ⓝ 아이콘 대신 '익스플로러Explorer'라는 이름의 하늘색 ⓔ자 아이콘을 클릭했다. 언제부턴가 넷스케이프 아이콘은 잘 보이지 않았다. 넷스케이프보다 익스플로러로 보는 인터넷이 더 좋았다기보다는, Ⓝ 아이콘이 더는 컴퓨터에 있지 않았고, 대신 ⓔ 아이콘은 잘 보이는 곳에 있었다. 바탕화면에서 보이지 않는 넷스케이프는 이제 구시대의 것으로 느껴지게 됐다. 사실 별다른 이유는 없었다. 아니, 조금 더 곰곰이 기억을 더듬어 보니, 넷스케이프를 쓰면 웹의 이미지나 화면도 잘 깨지고, 속도도 느리다는 느낌을 받았던 것 같다. 특히 로딩 속도에 민감했던 때다. 조금 웃기지만, 고딕 스타일의 ⓔ 아이콘이 클래식한 글꼴의 Ⓝ 아이콘보다 더 '쿨'하게 느껴졌던 것 같기도 하다.

▌어느 순간 나타나 웹브라우저를 독점한 익스플로러

이후 한동안은 ⓔ 아이콘이 아닌 다른 아이콘을 클릭해서 인터넷을 할 수 있다는 사실 자체를 생각하지도 못했다. 구글의 크롬Chrome이 나온 후 '다른 웹브라우저를 쓰면 인터넷 속도가 더 빠를 수도 있구나'라는 사실을 일깨워주기 전까지는.

사용자들은 왜
Ⓝ에서 ⓔ로 옮겨갔을까

지금도 여전하지만, 20년 전에도 마이크로소프트는 운영체제OS : Operating System(이하 'OS')인 윈도Window로 IBM 호환 개인용 컴퓨터 시장을 완벽하게 장악하고 있었다. 모바일도 없던 시대였다. 유일한 대항마인 애플의 매킨토시Macintosh는 예쁘고 신기하긴 했지만, 출판이나 디자인 같은 소수의 전문적인 영역에서만 이용됐다. 대학교 전산실 전체 PC가 100대라면 매킨토시는 구색 갖추기용으로 한 대 정도 있거나, 아니면 아예 없는 수준이었다. 사실상 '컴퓨터의 OS = 윈도'라는 공식이 성립하던 때였다.

개인용 컴퓨터를 처음으로 널리 보급한 IBM의 하드웨어는 금세 누구나 비슷하게 만들 수 있었지만, 그런 IBM 호환의 개인용 컴퓨터는 결국 마이크로소프트의 OS인 윈도를 쓸 수밖에 없었다. 누구나 마이크로소프트의 윈도라는 운동장에 만들어진 디지털 세계를 여행했다. 마이크로소프트는 윈도 플랫폼을 기반으로 워드, 엑셀 등 사무실에서 이용하는 오피스 프로그램을 내놓았고, 그때마다 엄청난 성공을 거두었다. 한때 '로터스 123 Lotus 1-2-3'이라는 엑셀과 비슷한 표 계산 프로그램이 있었다는 사실을 기억하는 사람은 이제 많지 않을 것이다.

그런데 새롭게 열린 인터넷의 세계로 향하는 문은 마이크로소프트의 것이 아니었다. 넷스케이프는 출시한 지 1년도 되지 않아 윈도에 깔리는 가장 중요한 프로그램이 되었다. 넷스케이프를 만든 회사, 넷스케이프 커뮤니케이션즈는 곧바로 나스닥NASDAQ에 상장됐고, 시장 점유율은 80퍼센트를 넘었다. 컴퓨터와 컴퓨터는 하이퍼링크hyper-link(하이퍼텍스트 문서 안에서 직접 모든 형식의 자료를 가리킬 수 있는 참조 고리. 누르면 다른 문서나 자료로 연결할 수 있는 통로)로 연결됐고, 검색 엔진은 연결된 컴퓨터와 컴퓨터를 넘나들며 이용자가 원하는 정보를 빠르게 찾아서 보여주었다. 누구나 더 많은 정보를 찾아 Ⓝ 아이콘을 통해

ㅣ '컴퓨터의 OS = 윈도'라는 공식의 주인공, 마이크로소프트

초기업의 시대

웹의 세계를 항해하기 시작했다.

혜성처럼 등장한 넷스케이프가 웹브라우저 시장에서 승승장구하는 것이 마이크로소프트에게는 커다란 위협이었음이 분명하다. 인터넷의 세계가 열리자 윈도가 독점하던 운동장, 혼자만의 컴퓨터는 너무 좁은 마당이 되어버렸기 때문이다. 훨씬 더 넓은 인터넷 세상을 넷스케이프에게 내어줄 수도 있는 급박한 상황이 되자, 마이크로소프트는 1995년, 황급히 웹브라우저 '인터넷 익스플로러'를 출시했다. 처음에는 넷스케이프에 비해 훨씬 뒤처진 후발주자에 불과했고, 특별히 좋은 기능도 없었다. 하지만 인터넷 익스플로러는 계속 기능을 개선했다. 디자인도 점점 깔끔해지고, 속도도 빨라지고, 특히 버전 3부터 등장한 하늘색 ⓔ 아이콘에 대한 호응이 좋았다.

그럼에도 불구하고 이용자가 이미 표준이 되어 익숙해진 넷스케이

❙월드와이드웹의 세계를 향한 전쟁, 넷스케이프 대 인터넷 익스플로러

프를 쓰지 않고 새로운 인터넷 익스플로러를 써야 할 이유는 없었다. 특히 네트워크 효과가 중요한 IT 영역에서 경로 의존성path dependancy(한 번 일정한 방법에 의존하기 시작하면 나중에 그 경로가 비효율적이라는 사실을 알게 돼도 여전히 그 경로를 벗어나지 못하는 경향성)은 그 힘이 매우 센 편이다. 이용자는 설치한 프로그램을 굳이 지울 이유도 없고, 익숙한 곳에 익숙한 기능이 있는 원래 쓰던 프로그램이 아닌 다른 비슷한 프로그램의 기능을 새로 익힐 이유도 없다. 특히 소통을 위해서는 여러 사람이 쓰는 프로그램을 함께 이용하는 수밖에 없다. 이런 이유로 마이크로소프트가 기능을 대폭 개선해서 내놓은 인터넷 익스플로러 4가 1997년 10월에 출시되었을 때까지만 해도 넷스케이프와 익스플로러의 시장 점유율 스코어는 72 대 18 정도로, 그 격차가 어마어마했다.

윈도에서 인터넷 익스플로러를 삭제할 수 없는 비밀

그런데 인터넷 익스플로러 4는 조금 달랐다. 그냥 기능만 개선된 것이 아니었다. 1997년부터 인터넷 익스플로러 3이 윈도 95에 기본적으로 탑재되기 시작했는데, 인터넷 익스플로러 4는 곧이어 출시된 윈도 98이라는 OS와 아예 한 몸이 되어버렸다. 윈도의 이용자들(사실상 모든 컴퓨터의 이용자, 다시 말하면 그냥 모든 사람)은 어쩔 수 없이 언젠가 새로 나올 윈도를 설치하거나 업데이트해야 했다. 그리고 이때 아무 것도 하지 않아도 인터넷 익스플로러의 하늘색 아이콘이 화면에 있는 상태를 보게 된 것이다.

게다가 PC 내부의 파일 탐색기(심지어 이름도 익스플로러인)를 이용하다기 경로를 입력하는 주소창에 파일 경로가 아닌 인터넷 주소, 즉 URL을 입력하면 별도 프로그램이 실행되는 것이 아니라 바로 그 탐색기 안에서 인터넷 웹 페이지로 이동됐다. 예컨대 OS를 다시 설치하면 이전에 설치했던 프로그램은 다 지워졌다. 필요한 프로그램을 새로 처음부터 모두 깔아야 하는데, 인터넷 웹 서핑을 하기 위한 프로그램으로 이미 인터넷 익스플로러가 있고, 심지어 내부 파일을 탐색하다가 따로 이동하지 않고도 인터넷에 접속할 수 있다. 이 상황에서 얼마나 많은 이용자가 그리 빠르지도 않은 인터넷을 통해 넷스케이프를 새로 다운로드 받아 설치했을까?

더 놀라운 것은, 처음부터 기본으로 설치된 인터넷 익스플로러는 지울 수도 없다는 사실이다. 기억하는 사람도 있겠지만, 인터넷 익스플로러는 윈도 98의 [프로그램 추가/삭제] 기능에서 제외되어 있었다. 일반 PC 이용자는 물론이고 IBM, 컴팩, HP

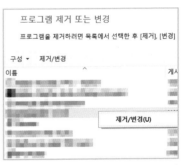

■ 인터넷 익스플로러는 삭제할 수도 없는 윈도의 기본 프로그램이 됐다.

와 같이 윈도를 탑재하여 PC를 만들어 파는 제조사도 인터넷 익스플로러를 지울 수 없었다. 한 술 더 떠서 마이크로소프트는 윈도를 라이선스하는 조건으로 '아예' 넷스케이프를 윈도에 넣지 못하게 했다. 윈도 말고 다른 대안이 없는 PC 제조사는 마이크로소프트의 말을 듣지 않을 수 없었다. 마이크로소프트는 그것도 모자라, 아예 인터넷 익스플로러 관련 파일을 지우면 윈도가 제대로 돌아가지 못하도록 프로그램을 구성하기까지 했다.

원래 사용하던 익숙한 웹브라우저를 쓰고 싶은 이용자들은 어렵게 넷스케이프를 설치하고 기본 브라우저로 지정했다. 하지만 어쩌다 키보드의 [F1] 키를 눌러 도움말을 호출하면 인터넷에서 내용을 불러오기 위해 넷스케이프가 아닌 인터넷 익스플로러가 실행됐다. 수시로 하라고 나오는 윈도 98 업데이트를 내려받을 때도 인터넷 익스플로러를 이용해야 했다. 이때는 우리에게 매우 익숙하고 또 유명한, 액티브엑스Active X(마이크로소프트에서 만든 COM Component Object Model과 OLE Object Linking and Embedding, 두 개를 합쳐서 부르는 말로 여러 가지 기능을 자유롭게 수행할 수 있도록 해주는 기술)가 처음 모습을 보인 시기이기도 하다.

사실 미국연방법무부는 이전부터 OS 시장을 독점하고 있는 마이크로소프트를 주목해왔다. 그 때문에 인터넷 익스플로러를 윈도에 기본적으로 탑재하는 일을 두고, 마이크로소프트와 법무부는 윈도 98의 출시 전부터 치열한 협상을 했다. 법무부는 윈도에 인터넷 익스플로러를 기본적으로 탑재하려면 넷스케이프도 함께 넣으라고 했지만, 마이크로소프트의 빌 게이츠는 강하게 거부했다. 협상은 결렬됐고, 마이크로소프트는 윈도 98과 떼어지지 않는 한 몸이 된 인터넷 익스플로러 4의 출시를 강행했다. 그리고 출시한 지 4개월 만에 인터넷 익스플로러 4는 넷스케이프와의 스코어를 완전히 뒤집어버렸다.

┃마이크로소프트의 창업자, 빌 게이츠

사용자가 익숙한 웹브라우저를
다시 찾지 않은 이유

마이크로소프와 관련된 약간의 논란은 있다. 원래 제록스Xerox에서 시작된 아이콘 기반의 그래픽 유저 인터페이스GUI : Graphic User Interface(이하 'GUI')를 스티브 잡스Steve Jobs의 애플이 먼저 모방하고, 마이크로소프트가 이를 다시 모방해서 대중화한 것이라고 한다. 이 책에서는 이를 구체적으로 다루지는 않지만, 마이크로소프트는 분명한 혁신의 아이콘이었다. 대부분의 사무용 컴퓨터가 검은색 화면에 텍스트로 명령을 입력해서 프로그램을 실행해야 하던 시절, 마이크로소프트는 비싼 전문가용 컴퓨터(매킨토시)에서나 쓸 수 있던 아이콘 기반의 편하고 예쁜 GUI를 대중에게 선사했다.

처음에는 많이 부족했지만, 개선을 거듭해 1992년에 나온 윈도 3.1은 엄청난 히트를 기록했다. 정확히 말해, 윈도 3.1은 OS는 아니었다(이전의 텍스트 기반 OS인 도스 위에서 실행되는 응용 프로그램이었고, 그 위에서 다른 윈도 3.1용 프로그램이 실행되는 형태였다). 실제 OS로써 발전한 것은 윈도 95부터인데, 사실 키보드를 쳐서 게임을 실행하느냐, 아이콘을 클릭해서 실행하느냐만 중요한 일반 소비자 입장에서는 알 수도 없고 별로 중요하지도 않은 기술적인 이슈이긴 하다. 어쨌든 이제 이리저리 부품을 조립해서 만들었던 푸석푸석한 IBM 호환 PC가 단단한 몸체에 일체형으로 판매되고 있던 명품 매킨토시와 거의 비슷한 바탕화면을 이용자에게 제공하게 된 것이다. 그때부터 매킨토시는 그야말로 마니아의 컴퓨터로 축소됐고, 개인용 컴퓨터는 윈도를 쓰는 IBM 호환 PC가 표준이 됐다.

이미 1990년대 초반부터 OS 독점 상황이었기 때문에 마이크로소프트는 반독점 이슈의 단골 손님이었다. 때문에 1997년 10월 마이크로소프트가 처음으로 윈도에 자사의 웹브라우저 인터넷 익스플로러를 합체하자마자 미국에서 거센 논란이 일어난 것이다. 연방법무부와 마이크로소프트 사이의 힘겨루기가 시작됐고, 협상이 결렬되자 싸움은 법정 밖에서 법정 안으로 옮겨 계속됐다.

하지만 소송은 윈도를 설치하는 시간보다 더 오래 걸렸다. 법정에서 연방법무부의 검사들과 대형 로펌의 변호사 수십 명이 지루하고 치열한 논쟁을 벌이는 동안, 사람들은 계속 PC를 샀고 윈도를 깔거나 업데이트했다. 그리고 웹 서핑을 위해 미리 깔린 ⓒ 말고 굳이 Ⓝ을 새로 깔지는 않았다.

넷스케이프가 새로 시작되는 인터넷 세계에서 혁신적인 기술로 웹 브라우저 시장을 선점하고 압도적인 점유율을 유지한 것은 사실이다. 하지만 안타깝게도 사람들이 진짜 사랑한 것은 넷스케이프가 아니라 인터넷 그 자체였다. 독점 OS 윈도를 등에 업은 인터넷 익스플로러가 나타나자 넷스케이프는 속절없이 무너져 내렸다. 사람들은 비슷한 제품이 눈앞에 더 가까이 다가오자 굳이 멀리까지 가서 원조를 다시 찾지 않았다.

넷스케이프의 몰락은 오래 걸리지 않았다. 물론, 넷스케이프가 웹브라우저를 넘어 메일이나 커뮤니티 등 종합적인 서비스를 제공하기 위한 플랫폼으로 진화를 시도하는 과정에서 여러 가지 기술적인 문제들이 발생했다는 의견도 있다. 어쨌든 윈도 98이 정식 출시된 1998년 중반에 인터넷 익스플로러와 넷스케이프의 시장 점유율은 이미 역전되었다. 그 전부터 윈도 95에 미리 설치되어 있었고, 윈도 98에서는 아예 한 몸이 된 인터넷 익스플로러였다. 원래는 80퍼센트가 넘는 이용자가 넷스케이프를 이용했는데 윈도 98이 나오고 나서 절반 이상의 이용자가 인터넷 익스플로러를 쓰는 상황이 벌어졌다. 그러자 미국 내에서 더욱 거세게 반독점법 위반이라는 여론이 형성되었다. 연방법무부는 마이크로소프트에 대해 정식으로 제소하지 않을 수 없었다.

90여 년 전 록펠러의 스탠더드오일 이후 가장 큰 독점기업이자 초기업, 가장 부유한 기업인 빌 게이츠의 마이크로소프트에 대한 법원의 판단에 미국은 물론 전 세계의 눈이 주목하게 된다.

반독점법 위반 판결을 받아도
독점은 끝나지 않았다

2000년 6월 7일, 치열한 소송전 끝에 1심을 담당한 미국 워싱턴 D.C.의 연방지방법원U.S. District Court(우리나라의 지방법원급에 해당됨)은 마이크로소프트의 패소를 알렸다. 4개월 이내에 마이크로소프트를 3개의 회사로 분할하라는 판결이 선고됐다. 개인용 컴퓨터의 운영체제인 윈도를 판매하는 회사, 워드 등의 오피스 프로그램을 판매하는 회사, 그리고 인터넷 익스플로러 등 인터넷 관련 소프트웨어를 판매하는 회사, 총 3개로 나누라는 명령이었다. 록펠러의 스탠더드오일 사태 이후 거의 100년 만에 거대 기업이 정말 쪼개지는지 전 세계적으로 폭발적인 관심이 일었다.

마이크로소프트는 당연히 항소했고, 또다시 대규모 변호인단을 동원한 공방 끝에 1년 후인 2001년 6월 28일, 1심에서의 분할 판결은 결국 연방항소법원U.S. Court of Appeals(우리나라의 고등법원급에 해당됨)에 의해 취소되었다.[7] 그런데 마이크로소프트가 반독점법을 위반하지 않왔다는 이유로 분할이 취소된 것은 아니었다. 몇 가지 혐의는 인정됐지만, 회사 분할이라는 명령은 잘못되었으므로 다른 조치를 고려하라는 의미였다. 또한 이 판결문을 통해 마이크로소프트가 소비자들이 인터넷 익스플로러를 이용하게 만들기 위해 어떤 전략을 동원했는지, 그 은밀한 속살이 적나라하게 드러났다.

1. 마이크로소프트는 윈도 95에서는 인터넷 익스플로러를 [프로그램 추가/삭제] 기능에 넣어 이용자가 언제든지 삭제할 수 있게 했지만, 윈도 98은 이 기능에서 인터넷 익스플로러를 제외했다.
   ⇨ 이것은 인터넷 익스플로러 자체의 기능 향상을 위해서가 아니라 경쟁 업체의 판매 의지를 꺾어서 그들이 만든 웹브라우저의 시장 점유율을 낮추려는 행위였다. 이것은 품질과 가격이 아닌 다른 불법적인 방법으로 경쟁한 것으로 판단되었다.

2. 마이크로소프트의 윈도 98은 이용자가 기본 웹브라우저를 인터넷 익스플로러가 아니라 다른 웹브라우저로 지정해도, 어떤 경우(도움말, 최신 업데이트, 윈도 탐색기에서 바로 인터넷 주소를 입력하는 경우 등)에는 이러한 지정이 무시되도록 설계됐다.
   ⇨ 이에 대해 마이크로소프트는 도움말이나 최신 업데이트는 액티브 엑스에 의해 실행되는데 넷스케이프 내비게이터가 이를 지원하지 않기 때문에 어쩔 수 없었고 윈도의 탐색기에서 인터넷에

접속할 때에는 창을 바꾸지 않고 부드럽게 인터넷으로 연결되는 이용자 경험을 위해 다른 웹브라우저를 띄울 수 없다고 반박했다. 이 주장은 법원에서 인정됐다.

3. 마이크로소프트는 인터넷 익스플로러를 위한 프로그램 코드를 OS의 다른 파일에 섞어 놓았다. 그래서 인터넷 익스플로러를 삭제하면 OS 자체에 문제가 생겼다. 따라서 PC를 만드는 마이크로소프트의 협력 업체는 삭제할 수 없는 인터넷 익스플로러를 두고, 굳이 돈을 들여서까지 다른 웹브라우저를 하나 더 설치하지 않게 된다. 인터넷 익스플로러를 지울 수 있었다면, 협력 업체는 예전부터 설치된 넷스케이프 내비게이터를 계속 사용했을지도 모른다.
⇨ 여기에 대해 마이크로소프트의 반박은 없었고, 역시 품질과 가격이 아닌 다른 방법으로 독점을 시도한 것이어서 불법으로 판결받았다.

이렇게 인터넷 익스플로러의 반독점법 위반에 대한 마이크로소프트의 반박은 세 개 중 하나만 인정되었고, 사건은 대법원으로 향했다. 하지만 2심 판결이 난 후 얼마 되지 않아 연방법무부와 마이크로소프트는 '합의'로 사건을 마무리했다. 2001년은 미국 대통령이 민주당의 빌 클린턴Bill Clinton에서 공화당의 조지 W. 부시George W. Bush로 바뀐 해였다. 소송의 칼을 쥔 법무부의 수장이 모두 교체됐고, 마이크로소프트에 대한 정책도 바뀌게 되었다.

2001년, 마이크로소프트가 인터넷 익스플로러를 윈도에 합쳐 팔기 시작한 지 5년 만에 적어도 마이크로소프트가 반독점법을 '위반'했다는 사실은 명확히 드러났다. 하지만 넷스케이프의 시장 점유율은 이미 10퍼센트 미만으로 떨어진 지 오래였고, 나머지 90퍼센트의 사람들은 인터넷 익스플로러를 이용하였다.

▍법무부와 마이크로소프트의 반독점법 힘겨루기는 결국 허무하게 마무리되었다.

소비자를 위한 일이
왜 나쁘단 말인가

OS는 컴퓨터 소프트웨어라는 선수들이 뛰는 운동장과 같다. 잔디를 깔고, 트랙을 놓고, 규칙을 정한다. 한 번 OS의 규격이 정해지면 모든 소프트웨어 선수가 그 규격에 따라 연습을 하고 경기에 출전하기 때문에, OS는 특히 선점 효과와 쏠림 현상이 강하다. 다른 규격에 맞추려면 또 그만큼의 노력이 필요하기 때문이다.

그런데 만약 운동장에 잔디를 깔던 회사가 경기에 선수를 내보내면 어떨까? 물론 그러면 안 된다는 법은 없다. 원래 정해진 규칙에 따라 정당하게 경쟁하면 될 것이다. 하지만 어느 날 운동장 관리소가 갑자기 잔디의 길이를 5센티에서 2센티로 줄였는데, 알고 보니 잔디 회사 소속의 선수가 짧은 잔디에서 성적이 더 좋았다면? 관리인이 입구에서부터 다른 팀 선수에게 이런저런 핑계를 대고 못 들어오게 한다면? 아니면 잔디 회사 소속의 선수는 항상 첫 번째로 입장하여 가장 큰 환호를 받고 다른 선수들은 주눅 들게 만든다면?

이렇게 기본 바탕이 되는 OS와 같은 서비스를 하는 회사는 OS 위에서 돌아가는 개별 서비스를 만들고 이용자가 쓰도록 만드는 데 유리한 점이 많다. 꼭 누군가의 발목을 잡고 방해하지 않아도, 빠르게 변하는 IT 산업에서는 규격이 바뀌는 것을 조금이라도 먼저 아는 것만으로 엄청난 이득을 볼 수 있다.

그런데 마이크로소프트는 노골적으로 자사 선수를 위한 규격을 만들었고, 인기 있는 타사 선수를 보기 위해 모인 관중에게 항상 인기 선수와 똑같은 레퍼토리로 공연하는 자사 선수를 먼저 보도록 했다. 당황한 타사 선수는 심판에게 항의했지만, 정식 이의 제기 절차가 진행되는 동안 이미 관중은 타사 선수를 잊고 말았다. 다른 종목에서도 같은 전략은 계속되었다.

컴퓨터에서 동영상을 재생하는 것은 OS의 기본 기능일까, 아니면 새로운 소프트웨어를 구입해야 하는 것일까? 그렇다면 인터넷을 통해 다른 컴퓨터의 이용자와 실시간으로 대화하는 것은 어떨까? 마치 새 집에 들어갔는데 기본적으로 붙어 있는 에어컨을 쓰는 게 맞는지, 아니면 별도로 구입해야 하는 것인지 고민하는 문제와 비슷하다. 그렇다. 정답이 없다. 생각하기 나름이고 나라마다 다를 수 있다. 이전 우리나라의 아파트에는 대부분 에어컨이나 세탁기가 설치되어 있지 않았지만(단 요즘 새로 짓는 아파트에는 점점 에어컨이나 붙박이장이 기본 옵션으로 설치된 경우가 많다), 미국의 아파트에서는 기본이다. 심지어 오븐이나 식기세척기도 기본으로 장착되어 있다. 물론 아파트 회사가 구입해서 달아주는 것이긴 하다.

웹브라우저와 비슷하게 유럽에서는 동영상을 재생하는 윈도 미디어 플레이어Windows Media Player가, 우리나라에서는 한 시절을 풍미한 MSN 메신저가 규제 당국의 도마에 올랐다. 마이크로소프트는 윈도 98의 후속작인 윈도 XP에 웹브라우징을 위한 인터넷 익스플로러는 물론이고, 동영상 재생을 위한 윈도 미디어 플레이어와 이용자들 사이에 메시지를 주고받을 수 있는 프로그램까지 기본 프로그램으로 설치했기 때문이다.

윈도 미디어 플레이어와 경쟁하던 동영상 재생 프로그램은 리얼 플레이어Real Player였다. 1990년대에 컴퓨터를 사용한 사람이라면 기억날 RM 확장자를 가진 파일로 스트리밍에서 자주 보던 ⓡ 모양의 로고를 기억할 것이다. 그러나 리얼 플레이어는 결국 사라졌다. 마이크로소프트는 웹브라우저처럼 미디어 플레이어도 윈도와 결합시켰기 때문이다. 그리고 2004년 유럽연합집행위원회EU Commission는 이러한 마이크로소프트의 윈도 미디어 플레이어 끼워 팔기에 대해 5억 유로(약 7000억 원)의 벌금을 부과하였다.[8]

❙ 윈도에 자동으로 설치된 마이크로소프트의 동영상 플레이어

우리나라에서는 윈도를 설치하면 윈도 미디어 플레이어와 함께 자동으로 깔리는 MSN 메신저도 문제가 되었다. 2000년대 초반, 아직 모바일시대가 오기 전에 회사 생활을 했던 사람이라면 영화 「빅 히어로」의 캐릭터 베이맥스처럼 생긴 동글동글한 두 명의 연두색 사람이 그려진 귀여운 아이콘의 MSN 메신저로 회사 동료나 친구와 잡담을 나눴던 기억이 있을 것이다. 하지만 회사마다 MSN 메신저 이용을 막으면서 귀여운 눈이 달린 말풍선 아이콘, 네이트온으로 이용자가 대거 이동했다. 우리나라에서 벌어진 마이크로소프트에 대한 반독점(공정거래법 위반) 조사는 네이트온(SK커뮤니케이션즈)이 신고인, MSN 메신저(마이크로소프트)가 피신고인이었다.

조사 끝에, 우리나라의 공정거래위원회는 2005년 마이크로소프트가 윈도 미디어 플레이어와 MSN 메신저를 윈도에 결합해서 판매하지 못하도록 명령하고 과징금 330억 원을 부과했다. 요즘에야 수천억 원 또는 조 단위의 과징금이 가끔 보도되지만, 당시로는 엄청난 액수였다. 하지만 마이크로소프트는 언제나 당당했다.

"이용자에게 더 좋다."

윈도 미디어 플레이어와 MSN 메신저가 윈도와 함께 제공되는 것이 이용자에게 더 좋다는 주장이다. 그런데 몇 년의 법정 공방 동안 현실은 마이크로소프트의 이런 주장에 화를 내기도 어렵게 되었다. 리얼

▌마이크로소프트의 끼워 팔기, 이용자에게 정말 좋은 걸까?

플레이어나 애플의 퀵타임 같은 라이벌 동영상 플레이어는 어느새 표준 경쟁에서 탈락해서 이용자들이 쓰기 어렵게 됐기 때문이다. MSN 메신저와 경쟁하던 국내 메신저는 네트워크 효과에서 밀려 이용자가 크게 줄었다. 이렇게 '대다수'의 이용자가 마이크로소프트의 제품을 쓰게 된 이상, 윈도에 원래 설치된 것이 더 좋지 않느냐고 묻는 마이크로소프트에게 '이용자'로서 뭐라고 답할 수 있을까.

끼워 팔기는 불법,
묶음 판매는 합법?

마이크로소프트가 시도한 끼워 팔기 전략tying은 사례도 많고 논란도 많은 선통적인 기업 전략 중 하나다. 한 시장에서 성공적인 상품 또는 서비스를 판매하고 있는 기업이 사업 다각화를 추진한다면, 자연스럽게 첫 번째로 생각하는 전략이기 때문이다. 연관 상품이나 서비스를 같이 파는 일이므로, 이 방법은 이미 잘 아는 분야에서 약간만 더 발을 뻗으면 되기 때문에 성공할 가능성도 높고, 돈도 쉽게 벌 수 있다. 예컨대 우리나라의 예식장에서는 홀을 대여하면서 식사, 꽃장식, 사진 촬영같이 예식을 한다면 누구나 필요로 하는 서비스를 함께 파는 것이 보편적이다. 그런데 이렇게 돈을 버는 것도 괜찮은 걸까? 법은 복잡하지만, 의외로 간단하게 스스로 판단할 수 있는 기준이 있다.

"울며 겨자 먹기는 아니었을까?"

회사의 관점에서는 되도록 기존 소비자를 새로운 상품이나 서비스에 계속 묶어두고 싶을 것이다. 하지만 한 상품에 다른 상품이나 서비스가 붙어 있을 경우 소비자는 이를 떼어 놓고 싶을 수 있다. 예식장이 홀은 좋은데 식사나 꽃장식은 엉망이다. 그런데도 울며 겨자 먹기로 그 예식장에서 결혼식을 해야 할까? 아니면 예비 부부가 충분히 다른 예식장을 알아볼 수 있는 상황인가?

수많은 끼워 팔기 사례 속에서 '불법' 판단을 받은 상품이나 서비스는 너무 인기가 좋았다. 현실적으로 다른 대안이 없는 상황에서 다른 비인기 상품이나 서비스를 '울며 겨자 먹기로' 같이 사야만 하는 경우였다. 간단히 말하면, 소비자가 짜증이 난 경우고, 경제학 용어로 말하면 효용이 감소한 경우다. 대신 소비자가 짜증이 덜 나거나 짜증 내는 소비자의 수가 적은 경우라면(소비자 효용에 큰 부정적 영향을 주지 않은 경우라면) 정당한 전략으로 인정되었다. 이럴 때는 끼워 팔기라고 하지 않고 묶음 판매bundling라고 부른다. 마트에서 맛있는 아이스크림과 맛없는 아이스크림을 묶어 팔아도 소비자가 마음에 안 들면 안 사면 그만이다. 하지만 2014년 당시 품귀 현상까지 있었던 제품 '허니버터칩'에 비인기 과자를 묶어 판매하는 전략이라면? 소비자 입장에서 짜증이 많이 날 수도 있다. 이것은 끼워 팔기일까, 아니면 묶음 판매일까?

록펠러의 스탠더드오일과 빌 게이츠의 마이크로소프트. 끼워 팔기와 담합, 다양한 가격 전략. 가장 위대한 회사로 인정된 거대 기업을 포함한 수많은 미국의 회사는 가격과 품질, 더 좋은 제품을 더 싸게 만들기 위한 노력도 했다. 하지만 한편으로 경쟁자를 물리치고 시장을 장악하기 위해 다양한 전략을 펼쳤다. 어떤 것은 결국 금지됐고, 또 어떤 것은 법원의 그물에서 벗어나기도 했다. 그들의 다양한 전략과 치열한 논쟁은 130년을 흘러온 반독점 판결문 속에 기록돼 있다.

3장

진화하는 미국의 독점기업

MONOPOLY

그 들 은
어 떻 게
독점시장을
만 드 는 가

IBM은 기술로만
돈을 벌지 않았다

마이크로소프트가 시장을 독점하던 자사의 OS인 윈도에 웹브라우저, 동영상 플레이어, 메신저를 끼워서 판 것은 어쩌면 스스로 생각해낸 전략은 아니었던 것 같다. 미국의 반독점 판결에서 끼워 팔기의 역사는 마이크로소프트보다 70년 전으로 거슬러 올라간다. 의외로 특허로 유명한 회사들이 등장한다. 특허는 국가가 인정하는 독점권인데, 다른 사람이 침범할 수 없게 독점을 인정해주고, 독점에서 나오는 이익을 얻기 위해 혁신을 하라는 일종의 '인센티브 제도'다. 그런데 혁신적인 기술로 특허를 낸 회사들은 꼭 특허 기술로만 돈을 벌지는 않았다.

　모바일시대로 넘어온 요즘은 이 이름이 생소한 사람도 있겠지만,

┃ 컴퓨터의 시작, IBM

IBM International Business Machine은 데스크톱 PC가 등장하기 이전부터 이름 그대로 업무용 컴퓨터의 최강자였다. 우리가 쓰고 있는 컴퓨터는 기본적으로 '있다'와 '없다', 즉 '1'과 '0'밖에 모르는 단순한 기계다. 이 1과 0을 표현하기 위한 수단으로 현대에는 IC Integrated Circuit라고 부르는 반도체를 이용하는데, IC가 등장하기 전에는 조금 투박한 형태의 트랜지스터transistor라는 반도체가 이용되었다. 트랜지스터 전에는 작은 유리 전구처럼 생긴 진공관vacuum tube을 이용했다. 그런데 진공관이 생기기도 전에 종이를 이용해서 '있다'와 '없다'를 표현할 수 있는 방법을 고안하여 특허를 내고 큰돈을 번 회사가 바로 IBM이다.

누구든 학창 시절 OMR 카드를 쓴 기억이 있을 것이다. 컴퓨터용 사인펜으로 빈칸에 체크하면 컴퓨터가 인식해서 데이터로 입력하는 방식이다. 컴퓨터는 검은색으로 칠한 칸은 '있다'로, 칠하지 않은 칸은 '없다'로 인식해서 필요한 정보를 입력하여 자동으로 정리해서 계산하는 방식이다. 그런데 현대의 컴퓨터가 등장하기 전까지는 컴퓨터용 사인펜 대신 실제로 구멍을 뚫어 데이터를 표시하고 입력하는 '천공카드punched card'가 널리 이용되었다. 천공카드는 최근까지 미국 대통령 선거의 투표용지로 이용되기도 한, 유서 깊은 방식이다. 구멍이 뚫린

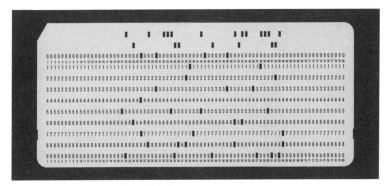

Ⅰ 구멍을 뚫어 데이터를 입력하는 천공카드

칸으로는 빛이 통과하기 때문에 '있다'로 인식하고, 구멍이 뚫리지 않아 빛이 통과할 수 없는 칸은 '없다'로 인식한다.

천공카드는 기업의 수많은 업무 관련 데이터를 초기 방식의 컴퓨터에 입력하는 데 쓰였다. 이러한 천공카드를 읽고 입력하는 가장 좋은 기계의 특허권자가 바로 IBM이었다. 1889년 천공카드를 이용한 계산기에 대해 최초로 특허를 받은 헤르만 홀러리스Herman Hollerith는 1896년 TMC Tabulating Machine Company(참고로 'tabulate'는 자료를 표, 즉 'table'로 만든다는 뜻으로 '제표'라고 번역하기도 함)란 회사를 설립하고 1911년에는 다른 세 개의 회사와 합병해서 CTR Computing-Tabulating-Recording Company이라는 회사를 세웠다. 이 회사가 나중에 IBM으로 이름을 바꾼 것이다. 이후 IBM은 뛰어난 기술의 대가로 성공 가도를 달렸다. 천공카드 관련 매출이 전체의 70퍼센트 이상일 정도였다.

그런데 IBM에게 실제로 큰돈을 가져다준 것은 특허받은 천공카드

| 과거 천공카드로 데이터를 처리하는 모습

기계가 아니라 종이로 만든(아무나 만들 수 있다고 하기는 어렵겠지만 적어
도 기계보다 훨씬 만들기 쉬울 것 같은) 천공카드였다.

　생각해보자. 기계는 한 번 팔면 끝이다. 그런데 OMR 카드도 그렇지
만, 천공카드도 종이에 구멍을 뚫어서 쓰는 방식이기 때문에 한 번 쓰
면 재활용할 수 없고 계속 새로운 카드를 사야 한다. 당시 천공카드는
80×40칸의 규격이 표준이었기 때문에, 최대 3200개의 데이터를 입
력하고 나면 새 카드를 써야 했다. 회사에서 일어나는 거래와 일을 모
두 입력해야 하는데, 고작 3200칸이라니. 회사들이 얼마나 많은 천공
카드를 써야 했을지 상상해보자. 이런 상황에서 천공카드 기계의 특허

권자 IBM은 다음과 같은 판매 방식을 적용했다.

- 천공카드 기계는 소비자가 구입할 수 없고 오직 임대하여 쓸 수만 있다.
- 임대 조건 중에 '반드시 IBM 순정純正 천공카드를 써야 한다'는 조항을 넣는다.
- 앞 조항의 경우, 규격에 맞지 않는 카드를 쓰면 기계가 고장 날 수 있기 때문이라고 이유를 설명한다.

'순정 부품'. 요즘 우리 주변에서도 많이 볼 수 있는 표현이다. 주로 자동차 부품 중에서 완성차 메이커가 직접 유통하는 부품을 이렇게 부른다. 사실 순정 부품과 순정은 아니지만 규격이 같고 인증을 받은 부품은 완성차 메이커의 표시가 붙어 있느냐 아니냐의 차이만 있을 뿐, 품질은 같은 경우가 많다. 놀랍게도 같은 공장에서 같은 기계로 생산하는 경우가 많기 때문이다. 하지만 소비자는 두 부품을 비교할 전문적인 지식이나 경험이 없다. 그러니 위험은 기피하는risk-averse 사람의 본성에 따라, 값이 조금 더 비싸도 순정 부품을 이용하는 것이다.

아마 1930년대에 천공카드를 이용해서 회사 내의 수많은 정보를 정리하던 담당자도 마찬가지로 똑같은 생각을 했을 것 같다. 게다가 IBM의 조항이 있지 않은가. 요리조리 아무리 봐도 똑같은 종이인 듯한데 기계가 고장 날 수 있다고 하니, IBM이 아닌 다른 천공카드를 쓰

┃ 특허받은 기계가 아닌 종이로 만든 천공카드가 불러온 독점 사태

기는 왠지 찝찝했을 것 같다. 실제로 고장이 더 잘 나는지 확인해주는 사람도 없을 것이고, 혹시라도 기계가 고장이 나면 순정이 아닌 천공카드를 썼기 때문이라는 책임을 질 수도 있는 것이 아닌가! 이렇게 IBM은 어렵게 특허받은 천공카드 기계가 아니라 누구나 만들기 쉬운 종이 천공카드 시장에서 81퍼센트의 점유율을 보이며 돈을 긁어모았다.

하지만 이런 IBM의 전략은 반독점법 위반으로 판단된다.[9] 법원은 다른 회사들, 예를 들어 IBM에게 천공카드를 만드는 종이를 공급하는 회사라면 규격만 맞춰서 생산해도 기계에 부정적인 영향을 주지 않는 카드를 충분히 만들 수 있다는, 어찌 보면 지극히 상식적인 판단을 내렸다. 따라서 IBM이 천공카드 기계에 카드를 끼워 팔지 않으면 해당 시장에서 경쟁이 일어나 소비자는 더 좋은 제품을 더 싸게 살 수 있

초기업의 시대

어 좋을 것이라고 본 것이다. 미국연방대법원은 법리에 대해서 이렇게 설명했다. 소비자가 사고 싶은 제품이 하나 있고 사기 싫은 제품이 하나 있다. 그런데 사고 싶은 제품을 사기 위해서는 사기 싫은 제품을 반드시 사야 하며 다른 선택을 할 수 없다. 이렇게 소비자들이 사기 싫은 제품을 사야 하는 것이 독점의 원인이 되었다면 이는 불법이라고 말이다. 앞에서 말한 '울며 겨자 먹기' 구분법과 크게 다르지 않다. 무려 80여 년 전의 일이었다.

유사 제품까지 같이 팔겠다는
소금 회사의 전략

10여 년 뒤 역사는 반복된다. 이번에는 종이가 아니라 소금이다. 거대 소금 회사인 인터내셔널 솔트International Salt는 암염(바위 소금)을 물에 녹이는 기계인 릭세이터lixator와 통조림을 만드는 공정에서 소금 덩어리를 깡통에 넣어 주는 기계인 솔토맷saltomat, 두 가지에 대한 특허를 받았다. 그리고 역시 IBM처럼 소비자에게 판매하지 않고 임대만 하면서 이런 조건을 붙였다.

| 암염

"기계의 사용자는 소금을 반드시 인터내셔널 솔트에서 구매할 것."

여기까지는 IBM과 다를 것이 없다. 하지만 10년 전 IBM 판결의 교훈이 있었으니, 인터내셔널 솔트는 조건 하나를 더 붙였다.

"타사의 소금이 인터내셔널 솔트의 소금과 품질은 같되 금액이 더 저렴할 경우, 기계의 사용자는 해당 회사의 소금을 구매할 수 있다."

꽤 그럴듯한 조항이었고, 이 조항이 있기 때문에 인터내셔널 솔트는 자신들의 계약이 반독점법 위반이 아니라고 설명했다.

그렇다면 반독점법을 피하기 위한 이 전략은 과연 성공적이었을까? 다른 소금 회사들의 제소로 또다시 반독점 법정에 서게 되었지만, 인터내셔널 솔트는 정당한 거래라고 주장했다. 두 번째 조항이 있으므로 기계 사용자는 소금을 비싸게 사는 것도 아니고, 분명히 다른 회사에서 소금을 살 수 있다는 것이다. 주장이 첨예하게 맞섰다. 팽팽한 논쟁에 연방대법원은 이렇게 판단했다.[10]

"이 조항이 이용자를 어느 정도 보호하는 것은 맞다. 하지만 인터내셔널 솔트는 '언제나' 사업상 우위에 있었다는 게 중요하다. 그러니 경쟁자가 소금을 조금이라도 더 팔려면 인터내셔널 솔트보다 저렴하게 팔아야만 한다. 반면 인터내셔널 솔트는 가격만 경쟁자와 맞춰 놓으면 높은 시장 점유율을 유지할 수 있다. 물론 이 새로운 조항이 없었다면 경쟁에 더 부정적인 영향을 주었겠지만, 이 조항이 있다고 해서 끼워 팔기 계약 전체가 반독점법 위반이 아니라고 볼 수는 없다."

결론은 또다시 불법. 1940년대의 일이었다. 이렇게 여러 사건을 거치면서 '끼워 팔기'라는 말은 그 자체로 불법이라는 의미를 포함하게 되었다. 하지만 그렇다고 해서 유사 제품을 같이 팔기 위한 기업들의 전략과 시도는 절대 사라지지 않았다.

만약 AS 서비스까지
독점할 수 있다면?

IBM의 천공카드 기계나 인터내셔널 솔트의 소금 기계는 특허받은 상품이다. 특허는 국가가 허용한 독점이다. 그러니 그 기계에 대해서는 독점기업이지만, 국가가 허용한 독점 이윤을 누릴 수도 있다. 하지만 기업이 특허받지도 않은 천공카드나 소금에서까지 독점에 가까운 이윤을 얻으려는 전략을 취했을 때, 법원은 반독점법 위반으로 판단하고 제동을 걸었다.

그런데 이번 경우는 상황이 조금 다르다. 예를 들어 어떤 브랜드의 제품을 산 다음 부품을 바꾸거나 사후 관리를 받을 때, '오직' 그 브랜드의

▌지금은 추억 속으로 사라진 기업인 코닥

전문점에서만 받을 수 있다면 어떨까? 일반 동네 수리점에서는 아예 그 부품을 구할 수도 없다면, 이것도 불법일까?

한때 필름과 카메라로 유명했지만, 지금은 명성을 잃고 시대의 저 너머로 잊힌 회사 코닥. 1990년대 초에 코닥과 일반 수리점이 복사기 부품을 두고 맞붙었다.

코닥은 당시 전 세계 필름 시장의 3분의 2를 차지하며 임직원 16만 명을 거느린 거대 다국적 기업으로, 미국의 5대 브랜드 중 하나로 꼽혔다(참고로 2018년 기준, 미국의 5대 브랜드는 애플, 구글, 아마존, 마이크로소프트, 코카콜라다[11]).

거대 기업 코닥은 복사기를 팔았다. 처음에는 사후 관리를 코닥 서비스 센터는 물론이고, 지역에 있는 일반 수리점도 자유롭게 할 수 있도록 했다. 그런데 어느 날 코닥은 사후 관리 정책을 바꿔서, 지역의 일반 수리점에 자신의 복사기 부품을 팔지 않겠다고 선언했다. 일반 수리점은 이제 코닥 복사기를 수리할 수 없게 된 것이다. 이들은 코닥의 정책 변경이 반독점법 위반이라고 주장하며 제소했다. 1심은 코닥이, 2심은 일반 수리점이 이겼다. 그리고 운명을 결정할 연방대법원의 결정이 남았고, 코닥은 다음과 같이 주장했다.

"복사기 완제품 시장에서 다른 브랜드와 경쟁이 얼마나 치열한데 부품을 끼워 팔기 한다는 말입니까? 완제품 시장에서 조금이라도 더 잘하기 위해 사후 관리를 엄격하게 관리하는 것뿐입니다."

하지만 일반 수리점의 생각은 달랐다.

"일단 코닥의 복사기를 산 소비자는 다른 브랜드가 사후 관리를 아무리 잘해도 다른 브랜드에 가서 수리를 받을 수 없습니다. 그러니 부품을 코닥 직영 수리점에서만 파는 것은 독점기업의 횡포입니다."

일단 코닥 복사기를 산 사람은 어쩔 수 없이 울며 겨자 먹기로 코닥 부품을 쓸 수밖에 없는 것은 맞다. 하지만 이 사실을 알고, 이 점이 마음에 들지 않는 소비자는 처음부터 코닥 복사기를 사지 않으면 되는 것 아닐까? 특허는 국가가 허용해준 독점이 맞는데, 브랜드도 독점인 걸까? 물론 여기에는 반독점법 위반 판단을 위해 반드시 거쳐야 하는 '관련 시장 획정 definition of relevant market'이라는 복잡한 과정이 있다. 이는 거래와 관련성이 있는 시장을 정한다는 의미로, 독점은 보통 시장 점유율로 표현된다. 그런데 시장 점유율을 판단하려면 일종의 '분모'로 시장의 범위를 정해야 한다. 예컨대 콜라 시장에서 코카콜라가 70퍼센트의 점유율로 시장을 차지했다고 가정해보자. 점유율이 높은 편이라고 볼 수도 있지만, 전체 음료 시장이 기준이라면 점유율은 훨썬 낮아진다.

격론 끝에, 연방대법원의 대법관 9명은 6 대 3으로 의견이 나뉘었다.[12] 다수는 일반 수리점의 손을 들어 주었다. 코닥의 브랜드 가치 주장보다 코닥 복사기를 구매한 소비자들 선택 가능성, 즉 일반 수리점으로부터 사후 관리 서비스를 받을 수 있는 소비자의 선택 가능성을 더 중요하게 생각한 것이다.

"작은 시장을 먼저 독점하라."

독점으로 이윤을 낸 회사들이 세운 원칙이다. 하지만 작은 시장을 독점한 회사가 더 큰 시장으로 가기 위해서는 반독점법과의 전쟁에서 이겨야 했다. 이미 장악한 작은 시장에서의 독점력을 다른 시장에서도 이용하려고 하다가 결국 반독점법의 철퇴를 맞곤 했다.

전쟁의 양상은 시대와 정치적인 가치관에 따라서도 많이 달라졌다. 소비자의 선택과 엄격한 국내 시장 경쟁을 중요하게 생각하는 시대는 끼워 팔기가 그 자체로 '악'으로 여겨졌다. 하지만 자국 기업의 경쟁력과 세계적인 경쟁을 중요하게 생각하는 가치관이 우세할 때는 끼워 팔기를 하는 이유에 대해 한번 들어보고 판단하려는 경향이 강했다.

광고주 협박도
전략으로 쓴 언론사

시장 전체의 패러다임을 바꾸는 가장 큰 바람은 바로 혁신적인 기술의 등장이다. 역사 교과서에 나오는 증기기관과 산업혁명까지 거슬러 올라가지 않아도, 2007년(국내 출시는 2009년)에 등장한 아이폰이 우리의 삶과 돈의 흐름을 얼마나 크게 바꾸었는지 생각해보면 쉽게 알 수 있다. 이렇게 새로운 기술이 나왔을 때, 이전의 기술로 시장을 장악하고 있던 경쟁자는 어떻게 대처했을까?

모두 새로운 기술을 받아들이고 치열하게 경쟁하지는 않았다. 물론 여러 가지 이유가 있다. 회사라는 조직은 규모가 커지면 쉽게 빨리 움직이지 않는다. 독점 이윤이라는 안락함에 빠진 리더가 아직 불확실한 새로운 기술에 또다시 올인하기도 쉽지는 않다.

100미터 트랙을 열심히 뛰고 있는데 갑자기 뒤에 오던 주자가 인라인스케이트를 타고 달리기 시작하는 것을 보았다면? 이때 여러분이라면 재빨리 멈춰서 인라인스케이트로 갈아 신을 것인가? 아니면 그가 앞서기 전에 일단 발을 걸어 넘어뜨리고 볼 것인가?

지금으로부터 70여 년 전, 라디오가 등장했을 때 신문《로레인 저널Lorain Journal》이 취한 전략을 살펴보자. 신문사명에 들어가는 로레인은 미국 동부 오하이오주 클리블랜드 옆에 있는 작은 호숫가 도시의 이름이다. 로레인의 현재 인구는 약 6만 3000명 정도이고, 1950년대 당시에도 5만 명 정도 되는 아담한 도시였다. 조금 더 현실감을 살리기 위해 우리나라의 도시와 비교하면, 강원도 삼척시의 인구가 6만 명 정도 된다.

작은 도시들이 대부분 그렇듯, 로레인에도 당연히 지역 이름을 딴 대표 신문이 있었다. 《로레인 저널》은 1930년대 중반부터 지역의 유일한 언론이었고, 석간신문이었다. 로레인 전체 가정의 99퍼센트가 이 신문을 구독했다. 그리 의아한 일은 아니다. TV도 인터넷도 없던 시대였으니까. 《로레인 저널》은 지역민에게 바깥세상의 소식을 전하는 유일한 매체였다.

그러던 1948년, 로레인 바로 남쪽에 붙어 있는 도시 엘리리아에 라디오 방송국이 들어왔다. 이름은 월WEOL(그 지역 주요 도시인 웰링턴Wellington, 엘리리아Elyria, 오벌린Oberlin, 로레인Lorain의 약자). 라디오 전파는 신문

‖ 로레인에 있는 호수의 풍경

초기업의 시대

의 배달 범위보다 훨씬 넓어서 로레인 사람들도 선명한 음질로 방송을 들을 수 있었다.

저녁에 한 번 배달되는 종이로 된 신문이 아니라, 아침부터 밤까지 종일 틀어 놓을 수 있는 라디오 혁명이 로레인에서도 시작된 것이다. 사람들은 너도나도 라디오 수신기를 사기 시작했다. 월의 청취율이 수직으로 증가했다. 윤전기에서 신문을 찍어내던 《로레인 저널》은 처음에는 이렇게 생각했을지 모른다.

"라디오와 같이 가벼운 정보는 우리 신문의 깊이 있는 고급 정보를 이길 수 없어!"
"아무리 라디오가 유행해도 사람들은 집에 보관할 수 있는 신문을 계속 구독할 거야."

▌로레인에서 벌어진 신문과 라디오의 경쟁

하지만 로레인 사람들은 라디오를 듣게 되자 하나둘씩《로레인 저널》의 구독을 해지하기 시작했다. 라디오는 더 빨리, 더 자주, 더 친근하게 외부의 소식을 전해주었고, 앉아서 종이를 펼쳐 들지 않고 다른 일을 하면서도 틀어 놓기만 하면 귀로 들을 수 있었다.

더 큰 위기는 광고에서 나타났다.《로레인 저널》에 광고하던 회사와 상인들이 새로 생긴 라디오 방송국인 월에 광고를 넣기 시작했고, 반대로 신문에 넣던 광고의 수는 줄인 것이다. 하지만《로레인 저널》은 윤전기를 버리고 라디오 스튜디오를 새로 만들려고 하지는 않았다. 대신 새로운 광고주 정책이 공표되었다.

> "라디오 방송국인 월에 한 번이라도 광고를 한 사람은《로레인 저널》에 다시는 광고를 할 수 없음."

아직 로레인 지역에서 신문의 힘이 막강하던 때였다.《로레인 저널》에 광고를 못 한다는 것은, 로레인에서 사업을 계속하려는 사람에게는 치명타일 수밖에 없었다. 청취자가 계속 늘던 새로운 매체도 이러한 공표 아래, 위기를 맞이할 수밖에 없었다. 월에 광고를 하는 사람은 급속도로 줄었다. 월 역시 광고 매출이 수익의 대부분이었기 때문에 직접적인 타격을 받았다. 당연히 이들도 법원으로 달려갔다. 라디오 방송국에 대응하는《로레인 저널》의 전략인 새로운 광고주 정책은 어떤 판결을 받았을까?

'광고주들의 선택의 자유 대 경쟁자를 방해하려는 의도.'

요즘도 흔히 볼 수 있는 주장의 대립이다. 자유 시장경제에서 《로레인 저널》이 누구의 광고를 실어줄 것인지는, 당연히 자신들이 선택할 수 있는 자유의 범위 안에 있는 것이 아닌가? 하지만 반대로 자유는 방임이 아니며 공공의 이익, 즉 공정한 시장 경쟁에 해를 줄 때는 제한할 수 있다는 주장이 맞섰다. 치열한 공방 끝에 연방대법원은 윌의 손을 들어 주었다.[13]

“이미 가지고 있던 독점적인 지위를 이용해서 새로 등장한 경쟁자를 파괴하려고 한 것은 반독점법 위반이다.”

법원은 계약의 자유는 분명 존중되어야 하는 권리이지만, 독점을 지키기 위한 수단으로 계약의 자유를 이용하는 것은 허용할 수는 없다는 점을 분명히 했다.

이후 《로레인 저널》은 ‘모닝저널Morning Journal》’로 이름을 바꾸고 석간에서 조간으로 발행 시기를 바꾸었다. 아침부터 뉴스를 쏟아내는 라디오와 TV 등 새로운 매체에 대응하는 전략이다. 윌 역시 아직도 같은 지역에서 AM930 주파수로 라디오 방송을 계속하고 있다.

목표가 독점이라도 금지할 수 없던
철도 회사의 로비 활동

이번에는 1960년대의 교통 혁신에 관한 이야기다. 록펠러가 19세기 후반 철도 혁명을 타고 큰돈을 번 후에도 철도는 미국 장거리 운송의 유일한 수단이었다. 20세기 들어 자동차라는 새로운 대항마가 등장했지만(예를 들어 포드Ford의 모델 T는 1920년대 미국의 국민차로 명성을 떨쳤다), 많은 화물을 싸게 운송하는 능력을 두고 철도와 경쟁하는 데는 당연히 역부족이었다. 본격적인 경쟁은 트럭이 보급되고, 1953년부터 1961년까지 재임한 미국의 제34대 대통령인 드와이트 아이젠하위Dwight D. Eisenhower가 미국 전역에 고속도로를 본격적으로 건설하기 시작한 1950년대부터 시작됐다.

기차는 뭐든 한꺼번에 많이 운반할 수 있지만, 대부분 기차역에서 최종 배송지까지 또다시 다른 수단(주로 자동차)을 통해 운송해야 한다는 치명적인 한계를 갖고 있다. 트럭은 고속도로를 벗어나도 길만 뚫려 있으면 마지막 목적지까지 완벽히 운송할 수 있다는 태생적 장점이 있다. 고속도로가 거미줄처럼 깔리고, 트럭의 성능이 좋아지면서 점점 철도가 운송하던 화물을 트럭이 가져가게 됐다. 철도 회사는 화물을 빼앗기지 않기 위해 필사적으로 노력했다. 철도와 트럭, 두 운송 수단 사이의 긴장이 높아져 갔다.

이런 시기에 미국 펜실베니아주에서 '트럭 공정화 법Fair Truck Bill'이

┃ 지프차를 탄 아이젠하워 대통령의 모습을 표현한 모형

라는 법안이 발의되었다. 그 내용은 도로에서 운행하는 트럭이 실을 수 있는 화물의 최대 중량을 더 늘리자는 것이었다. 법안이 통과되면 철도 회사에게는 불리하고 트럭에게는 유리할 것이 분명했다.

당연히 철도 회사는 '결사반대'를 외쳤고, 두 집단의 이익이 정면으로 충돌했다. 펜실베니아에서 영업하는 24개의 철도 회사와 이들의 협의회인 동부철도사장단모임Eastern Railroad Presidents Conference이 이 법안의 통과를 저지하기 위해 주 정부에 강력한 로비와 홍보 캠페인을 전개했다. 펜실베니아 주지사는 결국 이 법안에 대해 거부권veto을 행사했다. 입법이 무산된 것이다.

그러자 이번에는 41개 펜실베니아 트럭 회사와 그 모임인 펜실베니아트럭협회Pennsylvania Motor Truck Association가 가만 있지 않았다. 철도

| 화물 운송 문제를 두고 철도 회사와 트럭 회사가 대립하기 시작했다.

회사와 협의회를 법원에 제소했다. 장거리 화물 운송 시장을 독점하기 위해(즉, 자신들의 밥그릇을 지키기 위해) 다수의 철도 회사가 똘똘 뭉쳐서 독점을 유지하기 위한 행동을 했기 때문에 불법이라는 주장이었다.

만약 철도 회사가 화물 운송을 맡기는 사람에게 트럭을 이용할 경우 철도를 이용하지 못하게 했다면, 앞에서 본 《로레인 저널》 사례와 같은 결론이 났을 것이다. 하지만 철도 회사는 이용자를 방해한 것이 아니라 주 정부의 법안 통과를 막기 위해 모였다. 이 두 가지는 과연 다른 것일까? 결국 트럭 회사와 협회의 청구는 받아들여지지 않았다. 그런데 이유가 놀라웠다.[14]

"어떤 이익집단이 입법부나 행정부를 설득하여 자신에게 유리한 법

안이 통과되거나 불리한 법안이 통과되지 않도록 로비하는 것은 미
국연방헌법상 민주주의 원리를 구현하는 데 핵심적인 가치이기 때문
에 그 행동이 독점을 야기하는 것이라도 금지할 수 없다."

'로비 lobby'. 우리나라에서는 굉장히 부정적으로 통용되는 단어다.
물론 미국에서도 비판적인 의견은 많다. 하지만 민주주의의 원리를 구
현하기 위해서라면, 그것이 설령 독점을 위한 것이라도 금지할 수 없
다는 법원의 판단이었다. 무언가 숙연해지면서 전율이 흐르는 느낌을
받았던 1961년의 판결문이었다.

상대를 죽이기 위해
이익까지 포기하다

끼워 팔기가 불법이라면 묶어 팔기, 다시 말하면 '묶음 할인'은 어떨
까? 사실 사람들은 이미 묶음 할인으로 이런저런 소비를 많이 하고 있
다. 대표적으로 휴대폰 요금과 집안의 인터넷, 그리고 IPTV를 하나의
회사에 동시에 가입하면 묶음 할인이 적용되는 경우가 많다. 휴대폰
요금을 가족이나 연인끼리 묶으면 할인을 해주거나 여러 가지 혜택을
주기도 한다. 놀이공원에서 기구를 탈 수 있는 표 하나하나를 따로 사
면 값이 비싸지만, 가장 재미있는 기구 몇 개를 묶어서 파는 표를 사면

기존의 가격보다 더 저렴하다. 아예 자유이용권을 끊으면 모든 기구를 다 탈 수 있다. 식당의 세트 메뉴나 뷔페에서 여러 음식을 한꺼번에 먹을 수 있는 것도 결국 묶음 할인의 일종이다. 그런데 이런 전략도 반독점법의 심판대에 올라간 적이 있다.

미국 콜로라도주의 애스펀Aspen은 스키 리조트로 유명한 지역이다. 원래 은광이 밀집한 광산 지역이었는데, 1940년대 폐광이 된 후 스키장이 건설됐다. 석탄 광산이 문을 닫은 후 스키장이 들어선 우리나라 강원도 정선과 비슷한 느낌이다.

자연환경이 아름다우니 스키 애호가가 모여들었고, 스키를 탈 수 없는 여름에 열리기 시작한 음악회인 AMFS Aspen Music Festival and School(1949년부터 개최)도 세계적인 행사로 발전하면서 유명한 관광지로 도약했다.

1970년대에는 스키장도 4개로 늘어났는데, 그중 세 개는 애스펀 스키라는 회사의 소유였고, 나머지 한 개는 하이랜즈라는 회사의 소유였다. 이들의 스키장은 서로 멀리 떨어져 있지 않아서 애스펀 지역을 방문한 사람들은 스키장 하나만 즐기는 것이 아니라 여러 스키장을 오가며 스키를 타곤 했다. 이런 수요에 맞춰 스키 회사는 4개 스키장을 모두 이용할 수 있는 자유이용권을 팔았는데, 인기가 아주 좋아서 전체 스키장 입장 수입의 3분의 1 이상이 이 이용권에서 나왔다. 그리고 자유이용권을 산 사람들이 친구들을 애스펀 지역으로 부르면서 각 스키장의 일일권 구입도 증가했고, 이 역시 수입이 상당했다.

▌애스펀에 위치한 스키장의 풍경

　다만 애스펀 스키와 하이랜즈는 다른 회사였기 때문에 자유이용권 판매 수입을 서로 나누어야 했다. 1971년까지는 창구에서 자유이용권을 보여주면 각 스키장의 일일권을 발급해주는 시스템이었기 때문에 정확한 정산이 가능했다. 하지만 자유이용권 소지자가 다시 줄을 서야 하는 불편함을 없애기 위해 자유이용권을 갖고 바로 리프트를 탈 수 있도록 바뀌었다. 그리고 리프트 앞에서 자유이용권을 확인하기 위해 사람의 수를 하나하나 세어서 정산했다. 이때 애스펀 스키는 하이랜즈가 리프트를 타는 방문객 수를 부풀린다고 의심했다. 그렇다면 애스펀 스키는 어떤 전략을 취했을까?

　일단 애스펀 스키는 1977년부터 하이랜즈의 스키장을 제외하고 자신이 운영하는 3개 스키장만 이용할 수 있는 '새로운 자유이용권'을 팔기 시작했다. 자유이용권으로 얻을 수 있는 소비자의 혜택을 줄이는 리스크를 감수한 것이다. 그런데 뜻밖에도 3개 스키장 자유이용권은 기존의 4개 스키장 자유이용권보다 두 배나 넘게 팔리는 대박을 쳤다. 자신감을 얻은 애스펀 스키는 다음 해부터 4개 스키장 지유이용권 판매를 아예 중단했다. 이제 애스펀 지역을 방문하는 스키어는 애스펀 스키 소유의 3개 스키장 자유이용권을 사거나, 아니면 스키장 각각에 대한 입장권을 따로 사야 하는 상황이 됐다. 하이랜즈를 이용하고 싶은 사람은 하이랜즈 입장권을 따로 사야 했다. 사람들은 자연스럽게, 하이랜즈를 특히 좋아하는 마니아를 빼고는, 3개 스키장 자유이용권으로 몰렸다. 하이랜즈는 이용객이 급감했고, 위기 상황을 맞게 됐다. 이러한 상황에서 하이랜즈의 대응은 필사적이었다.

먼저 하이랜즈는 애스펀 스키의 자유이용권을 정가로 직접 사서 자신의 스키장 하이랜즈와 함께 이용할 수 있는 4개 스키장 자유이용권을 새로 만들려고 했다. 하나하나 소매로 구입할 수는 없었으므로 애스펀 스키 측에 대량 구매를 제안했다. 할인 가격이 아닌 정가로 사겠다는 뜻이어서 애스펀 스키로서는 손해 볼 일이 아니었다. 오히려 하이랜즈가 큰 손해를 감수하겠다는 의미였다. 하지만 애스펀 스키는 이 제안을 거부했다. 그러자 하이랜즈는 '어드벤처 팩'이라는 쿠폰을 만들었다. 지역 은행의 보증까지 받아 애스펀 3개 스키장의 자유이용권으로 바꿀 수 있고 지역 상점에서 현금처럼 쓸 수도 있는 쿠폰이었다. 그리고 애스펀 스키에게 이 쿠폰을 받기만 해달라고 요청했다. 애스펀 스키 입장에서는 이 쿠폰을 받아서 현금처럼 이용할 수도 있었으므로 손해 볼 것 없는 제안이었다. 하지만 애스펀 스키는 이 제안도 단호히 거절했다. 하이랜즈의 입장객은 점점 줄었고, 1980년에는 애스펀 지역의 스키 관광객 중 고작 11퍼센트만 하이랜즈를 방문했다.

▌자유이용권이 불러온 논쟁, 과연 무엇이 옳은가?

하이랜즈는 결국 애스펀 스키를 반독점법 위반으로 제소했다. 과연 이러한 애스펀 스키의 전략은 어떻게 평가되어야 할까? 아무리 시장에서 80퍼센트 이상을 차지하는 독점 사업자라고 해도, 자유 시장경제하에서 애스펀 스키가 자유이용권을 구성할 때 꼭 하이랜즈까지 포함해야 할 의무가 있을까? 에버랜드가 자유이용권에 서울랜드까지 포함해야 할 의무는 없고, 스타벅스가 프리퀀시 이벤트를 하면서 다른 커피 전문점을 끼워줘야 할 의무는 없다. 그런데 1심 법원의 배심원단은 애스펀 스키에게 750만 달러, 우리 돈으로 약 80억 원의 손해배상을 평결했다. 항소심도 이 결론을 지지했다. 사건은 결국 연방대법원까지 갔다.[15]

"애스펀 스키는 효율성이 아니라 작은 경쟁자에게 장기적인 충격을 주기 위해 자신의 단기적인 이익과 소비자의 선의를 저버렸으니 상고를 기각한다(애스펀 스키가 패소한 2심 판결을 유지한다는 뜻)."

이렇게 대법원의 판단도 같았다. 애스펀 스키의 정책은 반독점법 위반으로 확정됐고, 거액의 손해배상도 인정됐다. 물론 이 판결은 복잡한 사실관계와 애스펀 지역 스키장의 역사를 모두 고려한 특별한 판결이라고 할 수 있다. 연방대법원도 일반적으로 독점적 사업자가 경쟁자와 공동 마케팅 활동을 할 의무가 있는 것은 아니라는 점, 그리고 거래 상대방을 선택할 자유가 있고 거래를 거절할 자유도 있다는 점을 부정하지 않았다.

하지만 애스펀 스키의 정책 변경은 하이랜즈를 '죽이려는 의도predatory intent'가 있다는 점이 가장 중요하게 고려되었다. 즉 단순히 거래를 거절한 것이 아니라 오랫동안 지속된 자유이용권의 구조를 크게 바꾸었고, 자신에게 이익이 되는데도 하이랜즈를 고사시키기 위해 협력을 거절했다는 점이 문제가 되었다. 하이랜즈가 팔려고 했던 '어드벤처 팩' 쿠폰을 애스펀 스키가 받기만 했어도 더 많은 수입을 얻을 수 있었지만, 애스펀 스키는 그렇게 하지 않았다. 법원은 애스펀 지역 스키장 4개 중 3개를 소유하며 독점적 지위에 있었던 애스펀 스키의 정책 변경으로 하이랜즈를 방문하기 어려워진 소비자들 역시 피해자라고 보았다.

저가 경쟁자를 밟기 위해
묶음 구매 할인을 펼친 3M

'포스트잇'을 떠올리게 하는 회사, 3M의 원래 이름은 '미네소타 마이닝 앤드 매뉴팩처링Minnesota Mining & Manufacturing'이다. 1902년에 설립되어 110년이 넘은 유서 깊은 회사로, 문구류는 물론이고 안 만드는 게 거의 없는 생활용품 제조 회사다. 처음에는 회사 이름 그대로 '광업mining'으로 출발했지만 실패했고, 그다음 사포를 만들어 팔면서 규모가 커졌다. 그리고 누구나 아는 그 이름인 '스카치테이프Scotch Tape'를 대히트시키면서 세상에 이름을 알렸다.

스카치테이프는 우리나라에서도 그랬지만, 미국의 투명 접착테이프 시장도 석권하고 있었다. 2000년대 초반 시장 점유율이 무려 90퍼센트가 넘었다. 여기에 도전장을 던진 것은 르파쥬LePage라는 회사의 저가형 투명 접착테이프였다. 처음 시장에 진입하는 회사가 대부분 그렇듯, 르파쥬는 대형 할인점과 문구 전문점에 스카치테이프보다 더 저렴한 가격으로 테이프를 공급했다. 품질도 괜찮았는지 반응은 꽤 성공적이었다.

이렇게 저가 정책으로 도전하는 경쟁자를 맞이한 3M은 어떤 전략을 세웠을까? 사실 소비자를 사로잡는 새로운 제품이 나왔을 때, 따라하는me-too 제품이 나오는 것은 너무나도 자연스러운 일이다. 그 제품이나 서비스가 소비자에게 매력적일수록 더 빨리 따라 하기가 시작된

| 3M의 스카치테이프

다. 그리고 따라 하기 제품은 선도적인 제품을 개발하기 위해 들였던 수많은 시행착오 비용이 들지 않기 때문에 더 싸게 제품을 내놓을 수 있다. 물론 '똑같이' 따라 하는 것은 어렵다. 하지만 자유로운 시장일수록 새로운 경쟁자의 진입은 생각보다 더 빨리 시작된다. 때문에 혁신적인 제품이나 서비스가 작은 시장을 새로 만들어서 독점하는 것은 어쩌면 아주 짧은 순간에 지날지도 모른다. 예전에 우리나라에서 '갈아 만든 배'가 선풍적인 인기를 끌었을 때, 얼마나 많은 유사 제품이 나왔는지 기억하는 사람은 잘 알 것이다. 원룸과 오피스텔 정보를 쉽게 보여주는 '직방'이 처음 나왔을 때, 얼마나 많은 '방' 시리즈가 나왔는지도 생각해보자. 혁신으로 작은 시장을 만들고 독점한 회사라면 곧바로 대비해야 하는 문제다. 오래 살아남으려면, 더 저렴한 가격으로 시장으로 밀려드는 따라 하기 경쟁자를 어떻게 이겨낼 것인지 반드시 답을 찾아야 한다.

저가 경쟁자의 도전을 받은 3M은 압도적인 유명 브랜드 스카치테이프를 르파쥬에 맞춰 할인하는 것은 브랜드 이미지에 손상이 온다고 판단했다. 그 대신 이렇게 했다.

- '브랜드 없는' 새로운 저가 제품(스카치테이프 로고가 없음)을 만들어 판매한다.

초기업의 시대

- 판매 가격은 르파쥬의 테이프 값과 비슷하게 한다.
- 스카치테이프와 '브랜드 없는' 저가 테이프를 포함한 총 6개 상품을 묶어 공급하면서 판매처인 대형 할인점과 문구 전문점에 조건(6개 상품을 각각 100개 이상 구매하면 전체 가격의 30퍼센트를 깎아준다)을 내세운다(구체적인 숫자는 실제 사건과 다름).

3M은 록펠러가 100년 전에 했던 것처럼, 소위 말하는 '물량 리베이트'를 제안한 것이다. 대형 할인점과 문구 전문점 입장에서 소비자가 가장 선호하는 제품인 스카치테이프를 100개 이상 사는 것은 별문제가 되지 않는다. 그런데 문제는 30퍼센트나 되는 할인을 받으려면 새로 나온 '브랜드 없는' 테이프도 100개씩 사야 한다는 것이다. 일단 스카치테이프를 싸게 공급받는 것이 중요했기 때문에 대부분의 소매상은 일단 3M의 새로 나온 저가 테이프도 함께 100개씩 공급받는 묶음구매를 선택했다. 대신 비슷한 저가 상품인 르파쥬의 테이프 판매는 줄였다. 저가 제품이 얼마나 팔릴지 모르는 상태에서 재고를 남길 수는 없었기 때문이다. 3M의 입장에서는 고급 라인인 스카치테이프는 살리고, 저가 경쟁자인 르파쥬는 죽이고. 누가 생각해냈는지는 몰라도 아주 효과적인 전략이었다.

하지만 르파쥬의 시각에서는 새로 진입하는 시장에 커다란 장벽이 생긴 것과 같았다. 대형 할인점과 문구 전문점은 르파쥬의 테이프를 더 이상 구매하지 않으려고 했다. 제품 자체에는 문제가 없었지만, 3M

의 새로운 저가 테이프가 스카치테이프를 등에 업고 그 자리를 차지했기 때문이었다. 르파쥬는 반독점법에 호소했다.

법원은 어떤 판결을 내놓았을까? 법원도 고민이었는지 결국 하나의 의견으로 합의하지 못하고 다수 의견과 소수 의견으로 나뉘었다. 다수 의견은 이렇게 판단했다.

> "스카치테이프의 독점적 지위를 유지하기 위해 르파쥬의 테이프를 잘 팔리지 않도록 한 것은 반독점법을 위반한 것이다."

그리고 판결문에 이렇게 덧붙였다.

> "경제적 영역에서 반독점법은 정치적 영역에서 자유롭고 방해받지 않는 선거의 가치와 같다. 민주주의가 외부 압력에 제약받지 않는 자유로운 정치 제도하에서만 잘 돌아갈 수 있듯, 자본주의 시장경제도 시장 지배력이 있는 자들을 끊임없이 감독해야 잘 돌아갈 수 있다."

'많이 사서 소비자에게 싸게 준다는데 무엇이 문제인가'라고 반문했던 록펠러의 말이 다시 떠오른다. 반독점법의 핵심 가치는 '오직 가격과 품질로 경쟁하라'는 것이다. 3M은 분명 상품 여러 개를 묶어서 '더 싸게' 판 것인데, 이것은 가격으로 경쟁한 것이 아니란 말인가? 물론 가격으로 경쟁한 것은 맞다. 하지만 브랜드 없는 새로운 저가 테이프

만의 가격으로 르파쥬와 경쟁한 것이 아니기 때문에 불법이라는 것이 미국 법원의 결론이었다.[16]

이렇게 혁신적인 회사라고 해도, 획기적인 기술로 작은 시장을 독점했다고 해도, 그것이 끝이 아니었다. 더 큰 시장으로 나아가기 위해서는 또다시 제로에서 시작하는 경쟁에서 이겨야 했고, 원래 나만의 것이라고 생각한 작은 시장 안으로 들어오는 새로운 경쟁자도 끊임없이 막아내야 했다. 끼워 팔기도 하고, 거래 거절도 하고, 리베이트도 주고. 이렇게 기업은 독점의 힘을 지렛대 삼아 조금 쉽고 편하게 다른 시장에도 진출하고 경쟁자도 막고 싶었지만, 그럴 때마다 반독점법의 철퇴를 맞곤 했다. 법은 시장에 뛰어드는 선수들 간의 경쟁을 채찍질했다. 그것이야말로 다수의 소비자를 위한 좋은 일이라고 믿었기 때문이다.

4장

독점을 뒤좇는
과점 시장이 형성되다

MONOPOLY

그 들 은
어 떻 게
독점시장을
만 드 는 가

조금씩 나눠 먹는
과점 시장의 탄생

과점oligopoly이란 한 회사가 시장을 독점한 상태는 아니지만, 소수의
강력한 회사 몇 개가 시장을 나눠 가지고 있는 상태를 말한다. 보통 한
개 회사가 50퍼센트 이상의 시장 점
유율을 갖고 있을 때 독점기업이라
고 부른다면, 세 개 정도의 회사를
합쳐서 75퍼센트 이상의 시장 점유
율을 보인다면 이는 과점 상태라고
볼 수 있다. 물론 최근 기사에 따르
면 아마존은 미국 이커머스e-commer-

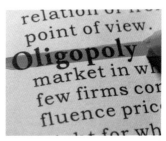

▌일부 회사가 시장의 대부분을 지배하
는 상황, 과점

ce(전자상거래) 시장의 49퍼센트를 점유하고 있다. 하지만 이미 아마존을 미국 이커머스 시장의 독점기업이라고 부르는 사람이 많다.

왜 이런 과점이 생길까? 일종의 힘의 균형이다. 주로 최초의 혁신적 기업이 시장을 만들면 빠르게 카피캣copycat(모방하는 사람 혹은 업체)이 따라붙어서 시장 점유율을 비슷하게 높여 간다. 이때, 비슷한 시기에 출발한 같은 업종의 회사들이 계속 경쟁하다가 힘에 부친 회사는 탈락하고 소수만 남을 때 과점이 생긴다. '공동 구매'를 새롭게 해석한 '소셜커머스social commerce(소셜네트워크서비스를 통한 전자상거래)' 방식의 할인으로 이커머스 시장에 지각변동을 일으켰던 그루폰Groupon의 물결이 한국에 왔던 2010년, 우리나라에서도 수백 개의 소셜커머스 회사가 흥망을 거듭했다. 결국 쿠팡, 위메프, 티몬만 살아남았다는 사실을 기억해보자. 그로부터 2년 후 우리나라 최초로 모바일 앱으로 원룸, 오피스텔 등 부동산 정보를 찾아볼 수 있는 '직방'이 나오자 또다시 수많은 유사 서비스가 등장했다. 하지만 후발주자로 빠르게 따라붙은 '다

┃펩시콜라(좌)와 코카콜라(우)

방' 이외의 다른 경쟁자들은 사실상 모두 시장에서 모습을 감췄다. 코카콜라보다 10년 늦게 시작했지만 다양한 전략으로 빠르게 시장을 따라잡은 펩시콜라를 생각해봐도 좋을 것 같다.

아니면, 상품이나 서비스 자체의

성격이 소비자 개개인의 취향이나 기호에 따라 선호도가 제각각일 때도 이런 과점 상태가 자주 생긴다. 예를 들어 라면을 놓고 볼 때, 신라면을 좋아하는 사람이 조금 더 많은 것 같지만 분명 비슷한 매운맛 라면으로 삼양라면을 좋아하는 사람도 있고, 진라면을 좋아하는 사람도 있다. 모두 매운맛 라면 시장의 경쟁 제품이라고 할 수는 있지만, 미묘한 맛의 차이 덕분에 적당한 시장 점유율을 나누어 가질 수 있다.

제품이나 서비스가 거의 완전히 똑같은 경우에는 이론적으로 과점보다 치열한 경쟁이 계속되거나 약간 더 우세한 승자가 대부분의 시장을 장악하는 독점이 생겨야 한다. 그런데 현실에서는 주로 처음 생긴 거래 관계에 의한 관성 효과로 일부 몇 개 회사의 시장 점유율이 비슷하게 유지되는 과점이 생기는 경우가 많다. 품질이나 가격이 비슷하므로 굳이 다른 회사로 거래처를 옮길 만한 이유가 없기 때문이다. 주로 원재료에서 이런 현상이 나타나는데, 우리나라에서는 시멘트, 사료, 설탕이나 조미료를 취급하는 회사가 오랫동안 시장 점유율을 비슷하게 유지했다.

친구들과 신나게 서바이벌 게임을 하고 있다고 생각해보자. 막 시작해서 앞뒤 좌우 정신없이 물감 총알이 날아올 때는 겨냥이고 도망이고 없다. 그냥 아무 데나 막 쏘는 게 정석이다. 그러다가 한 명, 두 명씩 총알이 떨어져서 탈락하고 마침내 생존자가 두세 명만 남았다면? 우선 주변이 조용해진다. 이제 누구를 쏠지 정확히 결정해야 하기 때문에 눈치를 본다. 상대는 눈에 보이지 않고 긴장은 흐른다. 이럴 때 여러분이라면 어떤 전략을 쓸 것인가? 한 명의 상대방을 집중 공략해서 이길 확률을 높이다가 갑자기 등 뒤에서 달려든 다른 플레이어에게 공격을 당해 장렬히 퇴장할 것인가? 주변을 빠르게 살피면서 총알을 아낄 것인가? 아니면 은신처에서 나와 총을 내리면서 이렇게 외칠 것인가?

"자, 이제 세 명밖에 남지 않았으니 휴전! 다 같이 1등 합시다!"

아직 숨어 있는 두 명의 플레이어에게는 제안이다. 하지만 구경하던 사람들은 허탈하다. 재미가 없어진다. 그중 일부는 돈을 내고 입장권을 산 사람도 있다. 심판이 있는 상황이라면, 과연 심판은 이 휴전을 인정해줘야 할까?

다른 브랜드의 담배 가격이
똑같이 바뀐 이유

담배, 담배를 피우지 않는 사람들이 보기에는 다 똑같은 독한 연기를 뿜는 것 같지만, 피우는 사람은 다들 그 맛이 다르다고 하는 대표적인 기호품이다. 미국의 담배 시장에서는 끊임없이 다양한 전략과 상황이 벌어져 왔다.

먼저 1990년대의 미국으로 가보자. 이 시절 미국의 담배 시장은 우리에게도 잘 알려진 말보로Marlboro를 만들어 파는 필립 모리스Philip Morris를 포함한 4개의 담배 제조 회사가 무려 시장의 97퍼센트 이상

을 차지한 과점 시장이었다. 그중 말
보로가 전체 판매량의 21퍼센트를
차지하는 최강자였다.

ㅣ 필립 모리스의 말보로 담배

시장에서 여러 프리미엄 브랜드가
경쟁하고 있었지만, 담배 가격을 걱
정하는 흡연자를 위해 담배 회사는
저가 브랜드도 많이 생산하고 있었다.

프리미엄 브랜드 시장은 고정 소비자가 많아 상황이 일정했기 때문
에, 경쟁은 주로 저가 브랜드에서 일어났다. 필립 모리스가 가격을 낮
추면 경쟁자들은 더 낮추고, 또 필립 모리스가 낮추면 경쟁자들은 바로
응대해서 낮추는 치열한 가격 전쟁이 계속됐다. 담배 소비자인 흡연자
는 당연히 아주 좋았다. 그리고 저가 브랜드의 가격이 크게 떨어지자,
말보로 같은 프리미엄 담배를 피우던 소비자의 일부도 저가 브랜드의
담배를 피우기 시작했다. 가성비가 좋았기 때문이다. 선수들이 링 안에
서 치열하게 경쟁하고 관중들은 환호하는, 익숙한 장면이 그려졌다.

그러던 중 1993년 4월 2일 금요일, '말보로의 금요일Marlboro Friday'
이라 불리게 된 이날 필립 모리스의 폭탄과 같은 가격 정책이 발표됐
다. 프리미엄 담배 말보로의 판매 가격을 한 갑에 40센트(약 440원)를
인하한다고 선언한 것이다. 당시 동네 가게에서 보통 1달러 80센트(약
2,000원)에 팔리던 말보로였는데 단숨에 22퍼센트의 가격을 내리는 초
강력 선전포고였다.

I '말보로의 금요일'을 만든 필립 모리스

　경쟁사의 프리미엄 브랜드는 물론, 한 갑에 값이 1달러 내외인 저가 브랜드와의 가격 차이도 거의 없어졌다. 소비자들이 다시 말보로로 돌아오기 시작했다. 3개월 뒤에는 급기야 이런 가격 파괴를 말보로뿐만 아니라 프리미엄 브랜드 담배 전체에 적용한다고 발표했다. 대신 저가 브랜드 담배는 한 갑에 10센트씩 올렸다. 그러자 프리미엄과 저가로 구분됐던 담배의 가격이 거의 같아졌다.

　1위 사업자의 가격 선전포고에 다른 경쟁 회사는 어떻게 대응했을까? 당시 필립 모리스의 시장 점유율은 거의 50퍼센트에 가까웠다. 말보로보다 비싸게 판다는 것은 판매를 포기한다는 것과 같은 의미였기에, 다들 어쩔 수 없이 말보로의 정책을 따라갔다. 이윤이 많이 남던 프리미엄 담배의 가격을 내리자 경쟁 담배 회사들의 수익성이 크게 나빠지기 시작했다. 죽을 것이냐, 싸울 것이냐. 이렇게 긴장이 높아지고 있던 때, 3위 회사인 브리티시 아메리칸 타바코British American Tabac-co(이하 'BAT') 부사장이 언론에서 애매모호한 말을 남겼다.

> "BAT는 미국에서 담배 가격 전쟁을 시작한 회사 중 하나일지 모르지만, 이를 더 확대하고 싶은 생각은 없다. 하지만 필요하다면 전략적으로 대처를 준비할 것이다."

그러자 얼마 후 2위 회사인 RJR 레이놀즈RJR Reynolds Tobacco Co.도 이런 말을 했다.

> "우리는 더 이상 시장 점유율을 위해 수익성을 포기하지 않을 것이다."

이러한 언론전이 있은 후, 그리고 '말보로의 금요일' 이후 6개월 정도가 흐른 1993년 11월, 필립 모리스는 조금씩 담배 가격을 올리는 정책을 시작했다. 프리미엄과 저가 담배를 동시에 올렸다. 그러면 나머지 3개 회사는 어떻게 했을까? 우선 프리미엄 담배 가격을 따라 올렸다. '말보로의 금요일' 전쟁이 생각보다 싱겁게 끝난 것이다.

그런데 재미있는 것은 나머지 회사들은 그 전까지 필립 모리스와 치열한 가격 경쟁을 했던 저가 브랜드 담배의 가격도 함께 올렸다는 점이었다. 사실 '말보로의 금요일' 전까지 필립 모리스는 저가 브랜드 담배의 가격을 올리려고 부단히 노력했지만 번번이 처참하게 실패했다. 1992년 4월과 1993년 3월, 필립 모리스는 저가 브랜드 담배의 가격 인상을 발표했다가 경쟁자들이 전혀 움직이지 않고 자신의 저가 담배 판매만 크게 부진해지자 즉시 가격 인상을 철회했다. 가격에 민감한 저가 담배 소비자가 말보로도 아닌 저가 담배를 더 높은 값을 주고 사서 피울 이유가 없었던 것이다.

그해 이후 매년 담배 가격 인상이 똑같은 방법으로 이뤄졌다. 언론에 가격 인상 예정이라는 기사가 먼저 나고, 얼마 후 모든 담배 회사의 프리미엄 담배와 저가 담배 가격이 나란히 올랐다. 같은 일이 1995년 5월부터 2000년 1월까지 11번 반복됐다. 소비자의 분노는 점점 커졌고, 결국 사건은 법정으로 갔다.

"담합cartel으로 처벌되어야 한다"라는 이야기가 나왔다. '담합'은 경쟁해야 할 회사들이 같이 가격을 함께 올리자고 합의하는 것이다. 담

❙ 경쟁 대신 '담합'을 선택한 과점기업들

초기업의 시대

합은 중대한 반독점법 위반이자 범죄에 속한다. 담배 회사들이 가격을 올리자고 '합의'했다는 뚜렷한 증거는 없었지만 석연치 않았다. 죽자고 저가 담배 가격 전쟁을 하던 회사가 단 몇 개월 만에 프리미엄 담배와 저가 담배 가격을 나란히 올리기 시작한 이유는 무엇이었을까? 사실 담합에 관한 법은 매우 엄격해서, 사장들이 모임에서 서로 눈만 한번 찡긋해도 합의한 거라고 볼 수 있다. 그런 것도 없었던 것일까? 게다가 담배 회사는 담배에 관한 도소매 판매 정보를 모두 추적할 수 있는 담배기본합의협약MSA : Master Settlement Agreement이라는 시스템을 만들어서 판매 정보를 공유했다. 다른 회사들이 도매와 소매에서 어떤 가격으로 담배를 판매하고 있는지 모두 아는 상황에서, 서로 가격을 같이 올리는 일에 대해서는 어떠한 '눈 찡긋'도 없었을까? 치열한 법정 공방 끝에, 미국 법원은 이렇게 결론 내렸다.[17]

> "과점 시장에서는 회사들이 각자 독자적인 전략을 결정하기 위해 다른 회사의 시장 반응을 서로 감시하기 마련이다. 가격 정보를 공개하는 것 자체가 반독점법에 무조건 위반되는 것은 아니다."

담합이 아니라는 판결이었다. 이 판결로 담배 회사들은 반독점법 위반 혐의에서 벗어날 수 있었다. 담배 회사가 어떤 행동을 했는지 다시 한번 되새겨보자. 1등 회사인 필립 모리스는 저가 담배의 가격 경쟁에서 빠져나오기 위해 최고 프리미엄 브랜드인 말보로의 가격 파괴라는 폭탄 같은 전략을 던졌다. 그러자 2등, 3등 회사는 필립 모리스에 항복한다는 듯한 말을 언론을 통해 전달했다. 그리고 필립 모리스는 말보로와 함께 저가 담배의 가격을 올리되 미리 언론을 통해 정보를 흘렸다. 그리고 다른 담배 회사도 순순히 그런 가격 인상을 따랐다. 서로 합의하지도, 연락하지도 않았지만 무언가 암묵적인 합의하에 같은 행동을 했다고 볼 수 있다. 하지만 결론적으로, 담합이 아니었다.

이것을 법적 용어로 '의식적 병행행위conscious parallelism'라고 한다. 서로 눈치를 보면서 비슷하게 행동했다는 뜻이다. 1등이 강한 가격 후려치기로 힘을 보여준 후, 다시 수익성 회복을 위해 가격을 올리면, 2등과 3등의 선택은 무엇일까? 또다시 가격 경쟁으로 갈 수도 있지만, 그냥 1등을 따라 가격을 올리는 것이 합리적인 전략이다.

결과적으로 미국 담배 시장 전체의 가격이 몇 년 동안 하나의 회사처럼 똑같이 움직였다. 하지만 법은 이들을 처벌하지 않았다. 법이 전략적 행동까지 처벌할 수는 없었던 것이다. 10여 년 뒤 비슷한 일이 우리나라의 라면 시장에서도 반복됐고, 공정거래위원회는 1,000억 원이 넘는 과징금을 부과하기도 했다. 우리나라 라면 사건의 이야기는 뒤에서 따로 하기로 한다.

말도 안 되는 가격으로
경쟁자를 죽이다

'말보로의 금요일' 전에는 이런 일
도 있었다. 미국의 저가 담배 중에
는 상표 없는generic 담배가 있다. 포
장에 아무런 표시도 없이 그저 하
얀 종이에 검은색 글자로 성분만 표
시하거나 담배를 파는 소매점 가게
이름만 붙인 것이다. 찌개나 전골에

▌상표가 없는 하얀 담배

넣는 용도로 몇 개씩 묶음으로 팔리는 '사리용 라면' 같은 유형이라고
생각하면 될 것 같다. 마침 우리나라에는 없는 것이니 책에선 이를 '하
얀 담배'라 부르기로 하자.

미국 담배 시장에는 작은 담배 회사 중 하나인 리게트Liggett가 있었
다. 1980년 처음으로 하얀 담배를 만들어 다른 담배보다 30퍼센트 정
도 싸게 팔면서 꽤 성공적으로 시장에 진입했다. 담배 시장의 혁신이
었고, 요즘 용어로 이름을 붙인다면 성공한 '담배 스타트업'이었다. 미
국 전체 시장에서 점유율이 5퍼센트까지 올랐다.

여기에 가장 큰 타격을 입은 회사는 저가 담배를 주로 팔던 '브라운
& 윌리엄슨Brown & Williamson'이었다. 하얀 담배의 돌풍에 자극을 받아,
브라운도 1984년에 유사한 하얀 담배를 내놓았다. 그러면서 담배 도매

▌뉴욕에 있는 담배 회사 리게트의 과거 모습

상이 자신의 하얀 담배를 많이 살수록 값을 깎아주기로 했다. 일명 '물량 리베이트'를 준 것이다. 앞서 3M과 르파쥬의 사례에서 볼 수 있었던 것처럼, 후발주자가 가장 쉽게 이용할 수 있는 전략이 바로 가격이다.

그러자 곧바로 리게트와 브라운의 하얀 담배 가격 전쟁이 시작됐다. 리게트가 브라운보다 더 깎아주겠다고 하면, 브라운은 그보다 더 깎아준다고 했다. 그러면 리게트는 더 싼 값을 불렀고, 브라운은 또 가격을 내렸다. 이렇게 치킨게임 chicken game(어느 한쪽이 양보하지 않을 경우 양쪽이 모두 파국으로 치닫게 되는 극단적인 게임 이론)이 무려 다섯 번이나 벌어졌다.

하지만 치킨게임이 계속될 수는 없는 법. 규모가 더 작고 자금력이 약한 리게트가 먼저 백기를 들었다. 심지어 브라운이 원가 이하로 가격을 내렸기 때문에 스타트업인 리게트는 견뎌낼 수 없었다. 리게트는 시장 확장을 포기하고 1985년부터 담배 가격을 올리기 시작했다.

그런데 이게 어떻게 된 일인가? 브라운은 물론 하얀 담배를 만들어 팔던 다른 큰 담배 회사도 시장을 확대하지 않고 리게트를 따라서 슬금슬금 가격을 올리는 게 아닌가. 원가 이하의 가격으로 하얀 담배를 판 브라운 때문에 리게트는 가격 경쟁도 더 하지 못하고, 시장 점유율도 확대하지 못하며 완벽하게 패배했다.

사실 '원가 이하'로 가격을 내리면 반독점법 문제가 생긴다. 뒤에서 또 이야기하겠지만, '밟아 죽이기 가격 정책predatory pricing(일반적으로는 '약탈적 가격'이라고 번역한다. 하지만 이런 가격 정책이 경쟁자로부터 무언가를 빼앗아오기 위해 하는 것도 아니고, 오히려 가격을 엄청나게 낮춰서 경쟁자를 시장에서 '퇴출시키고자 하는 의도'에서 나오는 것이기 때문에 이 책에서는 좀 더 생동감 있는 용어로 번역해 쓰기로 했다. 영어로 predator는 훔쳐가는 약탈자가 아니라 무자비하게 죽이는 맹수라는 뜻이기도 하다)'은 불법이 될 수 있기 때문이다. 리게트는 브라운을 반독점법 위반으로 제소했다. 그런데 스토리가 약간 달랐다. 기존의 밟아 죽이기 가격 전략은 이렇다.

"들인 비용보다 낮은 가격으로 공격해서 경쟁자가 시장에서 스스로 나가떨어지게 만들고, 시장을 다시 장악하는 것."

그런데 당시 브라운이 반독점법 위반이라고 주장한 리게트의 설명은 조금 달랐다.

"브라운이 원가 이하의 가격으로 공격해서 리게트가 어쩔 수 없이 다시 가격을 올리게 만들고, 브라운도 따라서 가격을 올리는 바람에 시장에서 가격 경쟁을 없애버렸다."

너무 낮은 가격으로 공격한 것은 알겠는데, 만약 죽이려던 것predatory이 아니라 같이 살려고 한 것이라면? 연방대법원을 헷갈리게 한 리게트의 주장은 결국 받아들여지지 않았다. 대법관 9명의 최종 스코어는 6 대 3이었다.[18]

판결의 이유를 간단히 이야기하면 이렇다. 리게트가 항복한 후 시장에서 나가지 않고 예상외로 가격을 올리는 것을 보고, 브라운은 '그때의 판단으로' 수익성을 고려해서 가격을 올렸을 뿐이라는 것이다. 그러니까 처음부터 '리게트가 가격을 올리면 다시 따라서 가격을 올리려는' 의도로 리게트를 가격으로 공격한 건 아니라는 판단이었다. 브라운이 리게트를 가격으로 죽이려고 했다는 스토리가 나오지 않는다는 것이다. 결국 리게트는 하얀 담배를 통해 미국 담배 시장을 장악하는 데 실패했다.

이런 가격 경쟁은 소비자를 상대하는 B2C Business to Customer(소매 유통) 커머스에서 흔히 볼 수 있다. 말도 안 되는 가격으로 경쟁자를 공격하다가 경쟁자가 더 이상 손실을 감당할 수 없어 시장에서 퇴출되면 다시 가격을 올리는 방법이다. 매년 우리나라의 이커머스 시장에서 단골손님처럼 나오는 설명이다. 천문학적인 적자는 '계획된 것'이라고

하거나, '한국의 아마존'이 되겠다는 설명 모두 결국 지금은 낮은 가격으로 다른 경쟁자를 이기는 데 집중하지만 승리하고 나면 가격을 올리겠다는 이야기와 크게 다르지 않다. 하지만 가격을 다시 올리면 또 다른 경쟁자가 더 낮은 가격으로 바로 들어오는 것이 경쟁 시장의 섭리인데, 과연 이러한 전략은 통할 것인가. 아니면 30여 년 전 미국 담배 시장과 같이 가격 경쟁을 견디지 못한 어느 경쟁자가 가격을 올리기 시작하면, 다른 경쟁자도 가격을 올리면서 결국 함께 살고자 하는 길을 택할 것인가.

전문직의 수임료도
실은 독점이라면

1970년대 이후 담합이 불법이라는 사실이 일반 대중 사이에 널리 알려지자, 그 전까지 당연하다고 생각한 수많은 시장 전략에 대한 문제가 제기되었다. 그중 대표적인 것이 지식 전문직의 서비스 제공에 따른 대가, 즉 변호사의 수임료, 의사의 진료비, 기술자의 수수료 등과 같은 비용에 대한 문제 제기였다.

시설이나 인력같이 물건을 만드는 데 들어가는 '원가' 개념이 있는 제조업과 달리 서비스업, 특히 언제든 책상만 있으면 앉아서 서비스를 제공할 수 있는 변호사와 같은 지식 전문직은 무엇이 원가인지 딱히

▮ 전문직의 서비스 제공 가격에도 규제가 필요하다는 문제 제기가 발생했다.

생각하기 어렵다. 많은 학비를 들여 공부했지만, 이것을 개업에 대한 비용이라고 생각할 수는 없으니 말이다. 우리나라도 예전부터 있었던 암묵적인 최저 수임료 같은 변호사 서비스의 가격을 낮추기 위해 법학전문대학원 제도를 도입하고 변호사 공급을 늘리고 있다. 과거 미국에서도 변호사나 의사는 협회를 결성해서 여러 가지 내규를 정하거나 최저 수임료 또는 최저 진료비 등을 정하는 경우가 많았다. 이러한 최저 가격은 '서비스 수준의 유지'를 위한 것이라고 설명하지만, 사실 시장의 관점에서 보면 수많은 전문직이 마치 하나의 회사처럼 가격을 정해서 독점기업처럼 행동하기 위한 것이었다.

　사건은 다국적 기업과 대형 로펌이 밀집한 뉴욕 월스트리트가 아닌 조용한 교외 주택가에서 일어났다. 미국에서는 주택을 구입할 때에도 각종 권리관계에 대해 변호사에게 실사due diligence(사실관계에 대한 자료를 검토하여 보고하는 것)를 의뢰하는 경우가 많다. 권리관계가 이미 잘 정리되어 있고 회사에 의해 관리되는 아파트 같은 공동주택보다 그렇지 않은 일반 주택이 훨씬 많기 때문이기도 하고, 은행 담보 등의 문제가 우리나라보다 복잡한 편이기 때문이다.

1971년, 미국 동부의 버지니아주 페어팩스 카운티Fairfax County(우리나라의 군 정도에 해당하는 미국의 행정구역)에 살던 한 주민이 집을 사기 위해서 지역의 변호사 사무실 36곳에 편지를 보내 수임료를 문의했고, 19곳에서 회신을 받았다. 그런데 회신이 온 사무실은 모두 거래 가격의 1퍼센트를 수임료로 제안하며, 그 이하로는 받을 수 없다고 했다. 이유는 버지니아주변호사협회 규정 때문이라고 설명했다. 주민은 어

▌조용한 교외 주택가에서 일어난 변호사 수임료 사건

쩔 수 없이 그중 하나의 사무실에 의뢰하여 거래 가격의 1퍼센트를 지불한 뒤 부동산 실사를 하고 집을 샀다.

하지만 이러한 수임료 구조가 부당하다고 생각한 주민은 버지니아 주변호사협회를 반독점법 위반으로 제소했다. 변호사 수임료도 서비스 가격의 일종인데, 아무리 협회라고 해도 가격을 똑같이 받기로 합의한 것은 반독점법에 위반된다는 주장이었다.

지금의 시각으로 보면, 반독점법을 잘 모르는 사람도 이러한 주장이 어느 정도 합리적이라고 생각할 것이다. 하지만 50년 전의 미국에서는 상당히 충격적인 발상의 전환이었다. 변호사협회는 최소한의 서비스 수준 유지를 위해서는 수임료 제한이 필요하다고 강하게 반박했다. 최소한의 서비스 가격을 받아야 한다는 논리는 여러 가지였다. '전문직이 가격 경쟁을 위해 광고를 하기 시작하면 전문직으로서의 윤리가 무너진다, 충실한 서비스를 제공할 수 없다, 그리고 소비자의 신뢰가 떨어질 수 있다' 등등. 놀랍게도 지금 우리나라에서 변호사협회가 변호사 시험의 합격자 수를 제한해야 한다고 주장하는 근거와 너무나 비슷하다. 이 사건은 4년 동안 공방을 거쳐 결국 연방대법원까지 가서 최종 판단을 받게 되었다.

대법원은 주민의 손을 들어 주었고, 전문직도 반독점법의 예외가 되지 않음을 분명히 했다. 아무리 변호사협회의 규정이라고 해도 회원인 변호사에게 수임료를 똑같이 받도록 한 것은 담합이 분명하고, 전문직이라고 예외는 아니라는 판결이었다.[19]

이 판결의 여파는 만만치 않았다. 불똥은 건축 기술자에게도 튀었다. 미국 전역의 기술자들 모임이었던 미국기술사회NSPE : National Society of Professional Engineers(이하 'NSPE')의 내규에는 서비스 제공 여부를 결정하기 전에 가격을 협상하는 것을 금지하는 내용이 있다. 즉 잠재적 의뢰인이 제안할 때 기술자는 오직 기술적인 관점에서만 의견을 내야 하고, 가격을 제시해서는 안 된다는 것이다. 이 내규가 반독점법 위반인지에 대한 소송도 시작되었다.

법정에서 NSPE는 이런 내규가 꼭 필요하다고 주장했다. 가격 경쟁이 계속되면 원가보다 낮은 출혈 경쟁이 일어날 수 있으며, 이로 인해 일부 기술자가 서비스 수준을 낮춰 공공의 안전과 국민의 건강을 해치는 부실 건축물을 양산할 수 있다고 경고했다. 사실 완전히 틀린 말은 아니다. 가격 경쟁이 아니라 뇌물이나 불법 하도급과 같이 서비스 대

▌미국기술사회의 서비스 가격 기준에도 반독점법의 칼이 들어왔다.

가로 지급된 돈이 다른 곳으로 새어 나갈 때도 부실 공사가 일어날 수 있다. 서비스를 제공하는 전문가가 최선을 다하지 않는 것은, 마치 눈에 보이지 않는 건물 기둥의 철근 하나를 몰래 빼는 것과 다르지 않다.

하지만 연방대법원은 건축 기술자에 대한 예외적인 취급도 거부했다. 1978년 NSPE의 내규는 반독점법 위반이라는 판결을 받았다.[20] 지식 전문가도 경쟁을 통하여 가격이 결정되는 시장경제의 원리 밖에 있는 업종이 아니라는 점이 확실해졌다. 그리고 다른 제조업이나 서비스업과 마찬가지로 더 낮은 가격으로 더 좋은 서비스를 제공해야 하는 사업자임이 분명해졌다.

그런데 한 가지 반전이 있었다. 수임료 최저한도를 정했던 버지니아 주변호사협회의 규정이 반독점법 판결을 받아 폐지된 후, 버지니아주에서 부동산 실사를 위한 변호사 수임료가 엄청나게 올랐다는 주장이 있었다. 수임료 통제에 관한 규정이 없어지고 협회의 힘이 약해지자 변호사들이 오히려 앞다투어 서비스 가격을 올렸다는 것이다.

분명 연방대법원은 자유로운 시장 경쟁의 힘을 믿고 판결을 내렸을 것이다. 그리고 부동산 실사에 관해서 거래 가격의 1퍼센트 이하로 서비스 가격이 내려갈 것으로 기대했을 것이다. 하지만 이러한 주장이 옳다면, 수임료가 오히려 오른 이유는 무엇일까? 시장은 마치 야생 동물과 같아서 사람의 예상대로 움직이는 것은 아닌 것 같다.

초기업의 시대

아이비리그 대학의 장학금이
똑같았던 이유

사실 담합이냐 아니냐의 문제는 반독점법에서 가장 흔한 주제다. 현실에서 일어나는 반독점법, 우리나라의 경우 공정거래법 위반 사건의 절반 이상이 담합이다. 그리고 과징금이나 벌금이 가장 많이 부과되는 것도 담합 사건이다. 담합은 인류 역사와 함께 해왔다고 볼 수도 있다. 13세기 십자군 전쟁에서 베네치아 상인은 동방무역을 독점하며 담합했고, 15세기 아랍 상인은 향신료 무역을 담합했다. 18세기 박지원의 『열하일기』에도 청나라 상품 수입 상인 사이의 담합이 기록돼 있다.

그런데 미국 명문 대학도 담합을 했다? 그것도 장학금을? 여기 생각할 거리를 던지는 사건이 하나 있다. 1990년 어느 날, 미국 동부 명문 사립대학인 아이비리그의 8개 대학들(브라운대학교Brown University, 컬럼비아대학교Columbia University, 코넬대학교Cornell University, 다트머스대학교Dartmouth College, 하버드대학교Harvard University, 프린스턴대학교Princeton University, 펜실베니아주립대학교the University of Pennsylvania, 예일대학교Yale University)과 MIT대학의 입학 담당관이 모였다. 그리고 이런 합의를 한다.

- 신입생에게 장학금을 줄 때 오로지 등록금 부담 능력만 고려하고 학력은 보지 않는다.
- 신입생 정보를 미리 교환하여 2개 이상의 학교에서 장학금 대상

자로 선정된 사람에게는 각 대학의 등록금 차이를 고려하지 말고, 장학금을 빼고 실제 내야 하는 등록금 액수가 같도록 조정한다.

조금 복잡해 보이지만, 한마디로 모인 대학 중 2개 이상의 학교에 '중복으로' 합격한 학생에 대해서 등록금을 똑같이 받자는 합의였다. 미국에서는 대학을 선택할 때, 중복으로 합격한 경우 장학금 액수 때문에 고민하는 경우가 많다. 어떤 학생이 행복하게도 아이비리그 학교에 중복 합격했는데, 어떤 학교는 1만 달러를, 다른 학교는 2만 달러의 장학금을 제안한다면 어떨까? 아마도 대부분 더 많은 장학금을 제안한 학교로 마음이 기울 것이다.

❚ 장학금을 두고 대학이 담합을 했다는 놀라운 사실이 밝혀졌다.

초기업의 시대

그런데 입학 담당관이 이렇게 합의하면서 학생들은 더 이상 그런 고민을 할 수 없게 됐다. 한 명이라도 더 우수한 학생을 모집하려고 노력해야 할 대학이 '신입생 유치를 두고 장학금으로 경쟁하지 말자'는 합의를 한 것이다.

이 사건으로 연방법무부의 반독점국이 원고가 되어 합의를 한 대학들을 반독점 법정에 세웠다. 법정에 선 대학은 대부분 순순히 불법을 인정했다. '대학 등록금은 대학 교육이라는 서비스의 가격이다. 등록금을 똑같이 받기로 한 대학 간의 약속은 가격을 똑같이 받기로 한 합의이다. 따라서 가격 담합이고, 반독점법을 위반한 불법이다'라는 선명한 논리를 깨기가 어려웠을 것이다.

그런데 MIT가 홀로 남아 이렇게 주장했다.

- 장학금 경쟁을 하지 않으면 대학 교육의 질이 향상된다. 대학 구성원의 사회적·경제적 다양성이 증가하기 때문이다.
- 더 많은 학생, 특히 경제적으로 어려운 학생에게 입학의 선택을 넓혀줄 수 있다.
- 대학은 등록금이 아니라 교육의 질을 높이는 경쟁을 하게 되므로 학생에게도 좋다.
- 이런 합의는 교육 기회의 평등이라는 사회적 가치 실현에 도움이 된다.

MIT의 주장에 고개가 끄덕여지는가? 아니면 선명한 반독점법 위반 논리를 벗어나기 위한 궁색한 변명으로밖에 보이지 않는가? 이 사건의 2심을 맡았던 미국제3연방항소법원 US Court of Appeals for the Third Circuit(미국연방법원의 2심은 모두 11개의 관할 구역이 맡는다. 항소법원은 우리나라의 고등법원급이고, 제3 구역은 미국 동부의 뉴저지와 델라웨어주를 포함하는 북쪽에서 세 번째 관할 구역이다)의 코웬 판사도 고민에 빠졌던 것 같다. 그리고 판결 이유에 이런 말을 남겼다.[21]

> "아이비리그 대학에서조차 장학금 재원은 부족한 것이 현실이다. 경제적으로 장학금이 필요한 학생에게 골고루 장학금을 나눠주는 방법, 능력이 뛰어난 학생에게 장학금을 몰아주는 시장 경쟁 원리에 따른 방법, 이 두 가지 사이의 어떤 지점에서 균형을 찾는 것이 필요할 수도 있다."

반독점법을 글자 그대로 적용하면, 결론이 너무나 뻔한 사건이다. 하지만 대학 교육의 다양성 유지와 같은 다른 사회적 가치가 있을 수 있고, 반독점법이 추구하는 경제적 가치가 반드시 다른 사회적 가치보다 더 우월하다고 볼 수 없다는 고민이 판결문에 드러났다. 그리고 코웬 판사는 사건을 1심 법원으로 돌려보냈다. 1심으로 돌아간 이 사건은 결국 법무부와 대학들 사이의 합의, 그리고 법률을 제정하는 것으로 마무리되었다. 새로 만든 대학 입학 제도에 관한 법을 따라, 미국에서 대학들이 등록금이나 장학금에 대해 논의하는 것은 금지됐다. 하지만 장학금 부여 원칙에 대한 정보를 교환하는 것은 허용됐다.

다양성의 가치를 중시하는 미국이기 때문에 나올 수 있는 사건이자 판결이었다. 무엇이 우리의 경제적 가치와 사회적 가치에 맞는지 법원에서 치열하게 토론하고, 또 그것이 녹아난 판결문을 보면서 놀라움과 부러움이 가슴 깊이 남았다.

대학 스포츠 리그의 수익은
열정 페이에서 나온다?

반독점과 다른 가치가 부딪히는 지점에 관해 조금 더 쉽게 와 닿는 최근의 사건이 있다. 2019년 3월, 전미대학체육협회NCAA : National Collegiate Athletic Association(이하 'NCAA')에 관한 법원의 판결이 있다.

대학 미식축구 및 야구 선수들이 대학으로부터 받는 보수는 NCAA의 승인을 받아야 하는데, 보수를 등록금 및 기타 학교의 교육비 내에서만 승인한다는 NCAA의 규정은 반독점법에 어긋난다는 판결이었다. 도대체 무슨 일이었을까?

사실 NCAA는 반독점법과 꽤 친하다. 사건에 자주 이름을 올리는데, 그럴 수밖에 없다. 어떤 스포츠 리그나 협회는 이미 그 자체로 독점이기 때문이다. 프로야구나 프로농구가 대표적이다. 일정한 수준이

▮ 전미대학체육협회의 로고

된다고 인정되는 선수나 팀만 같이 경기할 수 있고, 선수의 연봉도 리그의 규칙에 따라 정해진다. 일정한 기간 동안 규칙에 따라 연봉을 받다가 자유 경쟁 시장으로 나가 연봉을 정할 수 있게 되는 때가 오는데, 리그마다 그 시기가 다르다. 우리나라의 프로야구는 전체의 3분의 2 이상 뛴 시즌이 9개가 되면 자유계약 선수가 될 수 있고, 프로농구는 1라운드 지명 선수의 경우 5시즌을 뛰면 된다.

이런 연봉에 대한 제한은 기본적으로 리그 자체의 수익성을 위한 것이다. 스포츠 선수의 연봉은 선수 간 능력 차이로 무려 몇 배나 차이 난다. 그리고 보통 실력이 뛰어난 선수는 어릴 때부터 두각을 나타내기 마련이어서 적어도 몇 년 정도는 리그 내의 팀 사이에서 연봉 경쟁을 하지 않기 위해 제한을 두는 것이다.

예를 들어, 2006년 19살의 나이로 신인상과 MVP를 모두 수상하면서 한국 프로야구 KBO에 화려하게 등장한 류현진 선수의 2007년 연봉은 1억 원이었다. 12년이 지난 2019년이 되어 그는 미국 프로야구 MLB에서 최고 투수에게 주는 사이영상 Cy Young Award의 후보로까지 언급되는 선수가 되었다. 연봉은 약 1790만 달러(약 200억 원)로 처음보다 거의 200배가 올랐다. 만약 류현진 선수가 한국에서 뛸 때 2년 차부터 구단들 사이에서 연봉 경쟁이 붙었다면, 아마 1억 원에서 끝나지는 않았을 것이다. 하지만 그렇게 리그가 운영되면 수익성을 맞추기 어렵다. 이렇게 우수한 선수의 연봉을 제한할 수 있는 것은 리그가 독점기업과 같기 때문이다. 같은 스포츠에 몇 개의 리그가 있는데, 그중 어떤 리그가 유망주에게 연봉 인상이 후한 편이라면, 선수들은 모두 그 리그로 가서 뛰고 싶을 것이다.

연봉이 리그의 주요 비용이라면, 리그의 주 수입원은 방송 중계권료다. 리그나 협회는 시즌이 시작되기 전에 방송사와 계약해서 한 해 동안 경기를 중계 방송할 수 있는 권리를 한두 개의 방송사에 몰아주고 높은 중계권료를 받는다. 그리고 내부적으로 어떤 경기를 방송할지에 대한 규칙도 정한다. 요즘처럼 TV 채널이 많지 않던 1980년대에는 방송사가 어떤 경기를 중계 방송하는지가 아주 중요한 쟁점이었다.

┃스포츠 리그도 일종의 독점시장이라고 볼 수 있다.

이때 NCAA는 대학 미식축구의 TV 생방송 횟수와 중계권료를 내부적으로 공평하게 분배하는 규칙을 갖고 있었다. 이에 따르면 한 팀의 경기가 방송될 수 있는 상한선은 6회, 미국 전역으로 중계될 수 있는 횟수는 최대 4회였다. 이런 내부 규정에 불만을 가진 사람은 누구였을까? 물론 인기 있는 대학팀이었다. 인기 없는 대학팀은 방송 상한선 덕분에 그나마 몇 번 정도는 방송을 탈 수 있다. 하지만 인기 있는 대학팀은 방송사가 서로 중계 방송을 하고 싶어 하는데, 상한선 규칙 때문에 번번이 막히고 말았기 때문이다.

당시는 물론 아직도 대학 미식축구의 강자인 오클라호마대학_{University of Oklahoma}은 이런 NCAA의 방송 규칙이 불만이었고, 법원에 폐지를 청구했다. 사건은 연방대법원까지 갔고, 결국 반독점법 위반이라는

Ⅰ NCAA의 TV 방송에 대한 규칙에 일부 팀이 이에 불만을 제기했다.

판결이 나왔다.[22]

그런데 이때 '대학 스포츠의 특성'을 말한 연방대법원의 소수 의견이 있다. 이들은 대학 스포츠는 언뜻 보기에는 프로 스포츠와 비슷해 보이지만, 프로 스포츠와는 달리 비상업적인 목표가 주요한 역할을 하고 있음이 분명하다고 했다. 따라서 대학 스포츠를 반독점법의 논리로 재단할 수 없다는 의견을 판결문에 남긴 것이다.

30여 년이 흘러 다시 NCAA가 반독점법의 심판대에 오른 것은 바로 이 '대학 스포츠의 특성'과 관련이 있다. NCAA는 '아마추어 정신'을 내세우며 대학에 소속된 선수들에게 보수 지급을 금지하고 있었다. 대학 스포츠 선수는 아무리 인기가 많아도 대학에서 연봉을 받을 수 없음은 물론, 광고도 찍을 수 없다. 오직 장학금만 받을 뿐이다. 그리고 NCAA는 선수에게 주는 장학금의 액수가 등록금, 기숙사비, 기타 학비의 합을 넘을 수 없도록 규정했다.

그런데 2019년 3월, 연방지방법원은 이런 NCAA의 규정이 반독점법을 위반했다고 판결내렸다. 그러나 한편으로는 대학 선수들이 학교와 완전한 연봉 협상을 해야 한다는 주장 역시 받아들이지 않았다. 그리고 법원은 NCAA에게 '2020년 2월까지 비금전적 교육 관련 혜택이나 학업 성취에 따른 보상'까지 하도록 규정을 개정하라고 명령했다.

이 판결은 상급법원인 연방항소법원의 2015년 판결 취지에 따른 것이었다. 이 사건에서 항소법원은 '대학 스포츠 선수는 프로 선수가 아니다'라는 점을 분명히 하면서 대학이 선수의 이름이나 초상권 등을 이용하는 대가를 주면 안 된다고 판단했다. 미국의 대학 미식축구는 프로 리그NFL에 버금가는 인기를 누린다. 그리고 대학은 우승을 위해 수십억 원의 연봉을 주고 유명 감독과 코치를 영입한다. 하지만 실제 경기를 뛰고 관객을 몰고 다니는 대학 선수들은 불만이 많았다. 비슷한 인기로 보면 프로 리그 선수 수준의 연봉과 광고 모델료 수입을 얻을 수 있는데, 대학 선수라는 이유로 몇천만 원 정도인 수업료와 기숙사비를 장학금 명목으로 받을 수밖에 없기 때문이다.

반독점법을 위반한 건 맞지만, 그렇다고 완전한 자유경쟁은 안 된다는 이 판결에 대해, 원고로 참여한 대학 선수들은 도대체 '아마추어 정신'이 무엇인지 전혀 모르겠다고 말했다. 그리고 '자유로운 경쟁과 협상'이 정의에 맞다고 주장했다.

무엇이 더 정의에 가까운 것일까? 대학 스포츠로 몰리는 돈은 누가 가져야 하는 걸까? 아마추어 정신은 그 돈을 대학이 가져가야 한다는 의미일까?

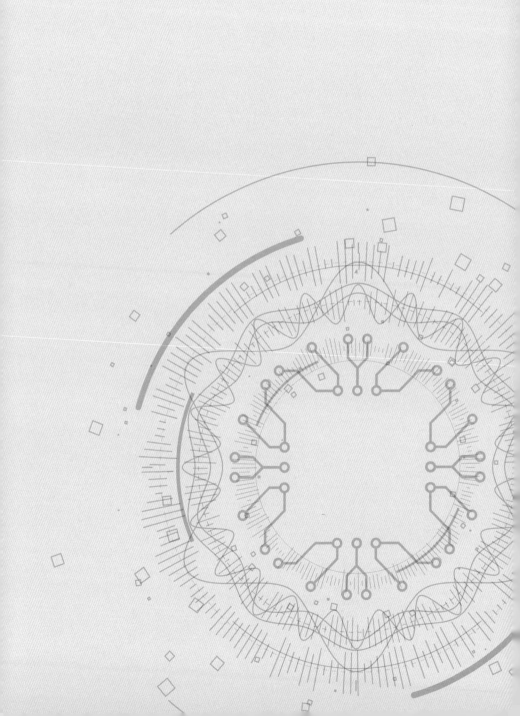

5장

아마존은 시장을
절대 나눠 갖지 않는다

MONOPOLY

그 들 은
어 떻 게
독점시장을
만 드 는 가

드디어 미국 이커머스의
절반을 차지하다

2018년 7월 14일자 《테크크런치Tech Crunch》(미국 IT 업계의 소식을 가장 빠르고 정확하게 전달하는 대표적인 기술 산업 분야의 언론)의 기사는 아마존의 독점 논란에 다시 불을 붙였다. 아마존이 미국 이커머스 시장에서 2017년보다 무려 29.2퍼센트포인트 성장한 49.1퍼센트의 시장을 차지했고, 2위 이베이(6.6퍼센트), 3위 애플(3.9퍼센트)과의 격차가 매우 크다는 것을 다시 한번 일깨워주었기 때문이다. 곧이어 미국의 제45대 대통령인 도널드 트럼프Donald Trump도 한마디 거들었다.

"《워싱턴포스트The Washington Post》는 아마존을 위한 값비싼 로비스트

> ....In my opinion the Washington Post is nothing more than an expensive (the paper loses a fortune) lobbyist for Amazon. Is it used as protection against antitrust claims which many feel should be brought?
>
> ♡ 76,864   오후 10:35 - 2018년 7월 23일

┃도널드 트럼프 미국 대통령이 2018년 7월 23일에 올린 트윗 ⓒrealDonaldTrump/twitter

일 뿐이다. 이것이 많은 사람이 필요하다고 생각하는 반독점 소송에 대한 방패막이로 이용되고 있는 것인가?"

그리고 2019년 6월, 드디어 미국의 반독점 심사기관인 연방거래위원회FTC : Federal Trade Commission가 아마존에 대한 반독점 조사를 개시한다는 소식이 전해졌다. 이 조사는 미국의 5개 IT 초기업을 합쳐서 부르는 FAANG(페이스북Facebook, 애플Apple, 아마존Amazon, 넷플릭스Netflix, 구글Google) 중에서 페이스북, 애플, 아마존, 구글에 대해서 개시됐다. 연방법무부는 구글과 애플을, 연방거래위원회는 아마존과 페이스북을 조사할 예정이라고 한다.

2018년 기사에서 《테크크런치》는 '아마존이 이커머스에서는 시장점유율이 49.1퍼센트이지만 전체 소매 시장에서는 아직 5퍼센트밖에 되지 않는다'라고 하면서 아마존을 보호하는 듯한 입장을 드러냈지만, 사실 반독점법이 꼭 그렇게 보아야 하는 것은 아니다.

❙ 워싱턴 D.C.에 있는 연방거래위원회 본청의 모습

　몇 년 전, 우리나라의 유통 대기업이 작은 슈퍼마켓 체인을 인수하는 거래를 담당한 적이 있다. 우리나라도 미국과 비슷한 M&A 심사(공정거래위원회의 기업결합심사)를 하므로, 어떤 시장에서 얼마나 많은 점유율을 차지한 회사를 인수하느냐는 문제는 항상 중요한 쟁점이 된다. 특히 같은 사업을 하는 회사 사이에서 또는 대형 마트와 슈퍼마켓과 같은 비슷한 업종 사이에서 M&A가 일어나는 경우는 시장 내에서의 경쟁력이 높아지기 때문에 더욱 깊이 있는 검토가 이뤄진다. 당시 대상 회사는 슈퍼마켓 시장에서 꽤 순위가 높은 편이었다. 강남에도 매장이 몇 개 있었고, 특히 경기도에서는 곳곳에 알짜 매장을 두고 있었다. 하지만 우리나라의 전체 소매 시장에서는 0.1퍼센트도 안 되는 미미한 점유율을 보였다. 이커머스 부분을 포함하지 않고도 말이다.

▍2019년, 아마존에 대한 반독점 조사가 시작됐다.

　하지만 결과적으로 전체 소매 시장을 기준으로 판단할 수는 없다. 소비자 관점에서 슈퍼마켓에서 물건을 사는 것과 백화점, 편의점, 재래시장에서 물건을 사는 것에는 분명한 차이가 있기 때문이다. 이런 사건에서는 최소한의 간단한 경제적 분석을 하게 되고, 그에 따라 시장을 정하게 된다. 경제적 분석이라고 해서 그 개념이 아주 어려운 것은 아니다.

　만약 여러분이 편의점의 판매대에 있는 콜라와 사이다 중에서 보통 콜라를 선택하는 편인데, 콜라 가격이 5퍼센트가량 올랐다면 계속 콜라를 마실 것인지, 아니면 바로 옆에 놓여 있는 사이다를 마실 것인지 고민이 될 수 있다. 고작 5퍼센트 오른 것뿐이니 계속 콜라를 마실 수도 있고, 반대로 조금 더 비싸진 콜라를 마시지 않고 사이다를 택할 수도 있다. 이런 경우 콜라 소비자가 얼마나 많이 사이다로 이동하느냐에 따라 콜라와 사이다가 '같은' 상품 시장에 있는 것인지, '다른' 상품 시장에 있는 것인지에 대한 논리가 구성된다. 사이다로 많이 이동했다면 콜라와 사이다는 서로 바꿔 쓸 수 있는 상품이어서 같은 시장이 될 가능성이 높다. 반대로 이동한 소비자가 거의 없다면, 서로 다른 시장이라고 보는 근거가 된다. 서로 영향을 받지 않는 상품이라는 것이다.

이것이 반독점법의 시장 획정에서 가장 기초적인 개념인 'SSNIP 테스트'의 기본 개념이다. 그런데 왜 하필 '5퍼센트'인지 궁금할 것이다. SSNIP는 'Small but Significant and Non-transitory Increase in Price', 즉 작지만 의미 있는, 그리고 다시 원래대로 돌아오지 않는 가격 인상이라는 뜻이다. 콜라 가격이 너무 많이 오르면 소비자가 모두 사이다를 살 수도 있고, 너무 적게 오르면 사이다를 사는 사람이 거의 없을 것이다. 그러므로 적당한 가격 인상이 소비자의 선택에 어떤 영향을 주는지 관찰해보자는 의미로 정한 것이 바로 5퍼센트이다. 물론 실제로는 훨씬 다양하고 복잡한 기법이 이용된다.

자, 어쨌든 이제 경기는 시작됐다. 규제 기관은 칼을 뽑았고, 무라도 잘라야 하는 상황이 되었다. 과연 아마존은 선배 거대 기업처럼, 130년 역사의 반독점 판결문에 이름을 올릴 것인가?

특허받은 결제 방법이
혁신의 시작이었다?

초기업 아마존의 혁신은 어디에서 출발했을까? 제프 베이조스 Jeff Bezos 가 월스트리트의 투자은행에서 근무하던 1994년, 인터넷의 가능성을 알아보고 온라인 서점을 열었다는 이야기는 매우 유명하다.

그런데 단순히 인터넷에서 책을 팔았다는 사실만으로는 설명이 어렵다. 무엇이 혁신적이었을까? 그로부터 20년이 넘게 흐른 지금도 오프라인 서점은 사람으로 북적거리고, 분류에 따라 수천 권의 책이 꽂힌 벽과 책꽂이를 빠르게 훑어 보는 일은 어떤 책을 살지 고민하는 사람에게 꽤 효율적인 방법인 것 같다. 그런데 많이 알려지지는 않았지만, 아마존이 가진 아주 중요한 특허가 하나 있다.

'원클릭 1-click'

원클릭, 인터넷에서 버튼을 한 번만 눌러서 결제를 끝내는 방법. 많은 사람이 편하게 쓰고 있는 아마존의 원클릭 결제는 등록된 특허 기술이었다. '이었다'라고 말하는 것은, 벌써 20년이 지나서 2017년 9월에 특허가 소멸되었기 때문이다.

특허를 잘 모르는 사람이라도 이상하게 생각할 만하다. 한 번 눌러서 결제하는 이 단순한 방법이 왜 특허였다는 말일까? 몇 년 전, 애플

▌원클릭 결제는 아마존이 특허로 가졌던 것이다.

의 '모서리가 둥근 사각형' 디자인 특허가 삼성과의 소송과 관련되어 개그 프로그램의 소재로 쓰일 정도로 많은 사람의 입에 오르내렸다. 하지만 이 사건은 단지 모서리가 둥근 사각형만 포함한 것은 아니고, 전체적인 디자인 구성에서의 유사성이 논점이 된 복잡한 사건이다.

아마존의 미국 특허는 사실 이보다 더 단순하다고 볼 수 있다. 특허 명세서에 나온 내용을 아주 간단하게 요약하면, 아마존이 1997년에 낸 특허 'US 5960411A(Method And System For Placing A Purchase Order Via A Communications Network : 통신망을 통해 구매 주문을 하는 방법과 시스템)'의 내용은 다음과 같다.

"이용자가 자신의 컴퓨터에 표시된 물건을 선택해서 통신망을 통해

구매 요청을 하면, 기업의 컴퓨터는 해당 이용자가 이전에 구매할 때
쓴 카드와 배송 정보를 찾아서 별도의 장바구니 주문 없이 새로운 구
매에 바로 적용해서 결제를 완료한다."

조금 더 이해하려면, '사업 방법에 관한 특허Business Method Patent'를
알아야 한다. 기술적인 혁신을 통해서가 아니라 잘 알려진 기계 또는
전자적인 방법으로 사업을 혁신적으로 바꾸는 경우도 특허를 받을 수
있다. 보통 'BM Business Method 특허'라고 부른다. 아마존이 받은 특허
도 인터넷 통신망에 관한 기술적인 것이 아니라, 바로 이 작동 방법에
관한 것이었다. 그래도 특허는 좀 더 새로워야 하는 것 아닌가?

1997년이 어떤 시절이었는지 모르는 사람은 의아하게 생각할 수
있을 것이다. 이때는 인터넷과 웹브라우저가 막 대중에게 알려졌을 때
다. 2007년 애플의 아이폰 발표로 모바일시대가 시작된 것과 비슷하
다. 스마트폰 덕분에 사람들이 '집 밖에서도' 다른 컴퓨터와 연결된다
면, 1990년대 후반 인터넷은 '집 안에 혼자 있는' 컴퓨터가 다른 컴퓨
터와 연결될 수 있게 해주었다. 이메일, 이커머스와 같이 단어 앞에 'e'
자를 붙이면 뭔가 새로운 것이라는 느낌을 받을 수 있었던 때다. 이제
는 존재감이 많이 약해진 우리나라 이커머스의 효시, 인터파크Interpark
가 창업한 해도 바로 1997년이다. 인터넷 산업이 막 싹을 틔우던 초기
였다.

이때 미국 특허청은 아마존의 '원클릭' 특허 등록을 승인했다. 당시

수준에 비추어, 새롭고 혁신적이라고 인정한 것이다. 사실 특허 제도는 누구든 '조금이라도 먼저' 신청하는 사람에게 권리를 준다. 제프 베이조스는 법이나 규제를 잘 이해하고 자신의 권리를 보호받는 방법에 밝았던 것 같다.

| 아마존의 CEO 제프 베이조스

지난 20년 동안, 아마존의 경쟁자는 '원클릭' 특허를 무력화하려고 노력하기도 하고, 그냥 돈을 내고 사서 쓰기도 했다. 애플이 대표적이다. '내가 쓰는 아이튠즈에서는 원클릭 결제가 원래부터 됐는데?' 하는 사람이 있을 수도 있다. 애플은 이미 2000년에 아마존으로부터 원클릭 결제에 대한 라이선스를 취득해서 자신들의 전자결제 시스템에 이용한 것이다.

이렇게 아마존은 시대를 앞서간 소비자 편의성을 추구했고, 또 현명하게 방법을 잘 지킨 덕에 초기 이커머스 시장을 압도할 수 있었다. 책에서 음반으로, 전자제품으로, 그리고 다른 '모든' 물건으로. 20년이 지난 지금 특허는 소멸했지만, 아마존은 그동안 특허 하나 정도는 무시할 정도로 어마어마한 제국으로 성장했다. 지난 20년 동안 아마존에는 어떤 일이 있었던 걸까?

아마존이 반독점 면제라는
오해에 대하여

지난 20년 동안 아마존은 종이책, 전자책 e-book, 이커머스, 클라우드 컴퓨팅 cloud computing 시장을 차례로 장악해왔다.

그런데 2019년 반독점 조사가 시작되기 전까지 아마존은 단 한 번도 반독점법 판결에 이름을 올린 적이 없다. 이런 현상 때문인지 국내 일부 사이트에서는 아마존이 미국 정부로부터 반독점법 적용 면제를 받았다는 이야기도 종종 나온다. 하지만 혹시나 해서 여러 경로로 찾아보았지만, 그런 사실은 전혀 없었다. 여러 노선을 운행하는 항공사 연합 alliance에 적용되는 반독점 면제 프로그램만이 있을 뿐이었다. 도대체 어떻게 된 것일까?

지난 2017년 자타 공인 미국 최고 권위의 예일대학교 로스쿨 Yale Law School의 《예일법학저널 Yale Law Journal》에 「아마존의 반독점 역설 Amazon's Antitrust Paradox」(제126호, 2017년 1월)이라는 논문이 실릴 정도로 아마존은 130년 역사의 반독점법 학계에서도 대단한 연구 대상이다. 반독점법은 과거 제조업시대에 생긴 법이어서 인터넷을 기반으로 한 플랫폼 사업을 지배하는 아마존을 제대로 보거나 통제하지 못하고 있다는 것이 이 논문을 쓴 컬럼비아대학의 연구원 리나 칸 Lina M. Khan의 관점이다. 과연 어떤 방법으로 아마존은 수많은 거대 기업에게 가장 무서운 규제였던 반독점법을 피해 간 것일까? 그 이유는 어찌 보

▮ 아마존은 어떻게 반독점법을 피해 갔을까?

면 간단하다. 놀랍게도 아마존은 '이익'이라는 것을 내려고 하지 않기 때문이다.

「아마존 : 다단계 사기인가, 아니면 인터넷의 월마트인가?
Amazon : Ponzi Scheme or Wal-Mart of the Web」

아마존이 설립된 후 6년이 지났지만 거액의 적자에서 벗어나지 못하던 2000년 즈음, 많은 조롱과 의심 속에 나왔던 기사 제목 중 하나다. 비슷한 시기에 나온 《뉴욕타임스》의 한 기사 제목은 「아마존 4분기 손실이 543퍼센트 급증Amazon Loss Soared 543% In 4th Quarter」일 정도였다.

사람들은 도저히 아마존을 이해할 수 없었다. 거액의 적자를 내면서 최저가로 물건을 팔았고, 끊임없이 사업을 확장만 할 뿐 이익을 내지도, 내려고 하지도 않았기 때문이다. 아랫돌을 빼서 윗돌을 막는 것처럼 계속되는 투자금으로 적자를 보충할 뿐이었다. 물건 하나를 살 때마다 현금을 받는 것이나 마찬가지였던 소비자들은 당연히 열렬히 환호했다. 그런데 이런 분위기, 너무 익숙하지 않은가? 이렇게 아마존을 두고 일어난 미국 언론의 논란은 2010년 소셜커머스의 등장 이후 우리나라에서 매년 벌어진 논쟁과 너무나 닮았다. 소셜커머스 또는 이커머스 업체가 매년 천문학적인 적자를 내면서 어떻게 생존할 수 있는지, 이커머스 업계의 치킨게임은 언제 끝날 것인지에 대한 기사는 기업의 한 해 실적이 발표되는 매년 4월이면 우리나라 언론의 단골 메뉴가 되곤 한다.

▌여러 소셜커머스는 초기 아마존처럼 적자를 이어가면서도 사업을 확장하는 중이다.

초기업의 시대

반독점법은 기본적으로 소비자를 위한 법이다. 기업이 부당하게 독점 이윤을 계속해서 가져가는 것은 소비자가 누려야 할 부분을 빼앗는다고 보는 관점이다. 시장에 경쟁자가 들어와서 가격이 내려가면 소비자에게 좋다. 반대로 경쟁자가 들어오지 못할 정도로 좋은 기술과 품질이라면, 그만큼 또 소비자가 좋다. 그런데 아마존은 좋은 서비스를 제공하면서도 독점 이윤이라는 것을 전혀 가져가지 않았다. 앞에서 말한 논문을 썼던 리나 칸은 2019년 아마존의 회사 분할에 관한 인터뷰에서 이렇게 말했다.

"아마존에서 물건을 팔고 있는 상인들은 이제 인터넷을 통해 자신의 물건을 팔 수 있는 유일한 방법은 아마존을 이용하는 것이라고 느낀다".[23]

과연 아마존은 시장에 대한 독점력을 획득하면서도 완전히 새로운 방법으로 반독점법의 뒤통수를 친 것일까? 그렇지만은 않다. 여기 힌트가 될 만한 선례가 하나 있다.

모든 서비스를 독차지해도 합법인 이유

사실 가격을 싸게 파는 것에 대한 고민은 반독점법이 예전부터 해온 것이다. 용어도 있다. 앞의 하얀 담배 사건에서 언급한 '밟아 죽이는 가격'이다. 록펠러의 스탠더드오일도 리베이트를 이용해서 석유를 경쟁자보다 엄청나게 싼 가격으로 팔았다. 그래서 사실 석유 소비자의 관점에서는 록펠러가 나쁘지 않다는 주장도 있다.

경쟁자가 새로 들어올 때 기존 회사가 하는 가장 첫 번째 전략 역시 일단 가격을 '후려치는' 것이다. 원래 시장에 있던 회사는 벌어둔 여윳돈이 조금 있다. 하지만 새로 사업을 시작하는 회사는 처음에는 돈이 별로 없다. 사업 초기에는 여러 가지 고정비용이 많이 들고 자본도 부족한데, 돈을 내고 상품을 사거나 서비스를 이용하는 고객은 적기 때문이다. 이렇게 새로 들어온 회사가 돈을 제대로 벌기 전에 기존 회사가 가격으로 미리 공격하는 것이 가장 일반적이고 쉬운, 기득권자의 전략이다.

그렇기 때문에 보통은 소비자에게 저렴하게 파는 것을 '좋은 일'이라고 보는 반독점법도 독점기업이 가격을 '너무 낮게' 정하는 것은 경계했다. 싸게 파는 것이 뭐가 문제냐는 주장과 싸게 팔아서 경쟁자를 죽이는 것은 안 된다는 주장이 팽팽하게 맞섰다. 그런데 1993년, 앞에서 본 하얀 담배 판결에서 큰 원칙이 세워졌다.[24] 대법관 9명이 치열하게 논의한 끝에, 6 대 3으로 판단한 결과였다.

> "경쟁자의 저가 정책을 반독점법 위반이라고 하려면, 하나, 가격이 비용 이하여야 하고, 둘, 그렇게 팔아서 입은 손해를 나중에 메꿀recoup 수 있을 것이라는 합리적인 전망이 있어야 한다."

미래는 아무도 예측할 수 없고 증거도 없는데, '합리적인 전망'이라니, 법원의 판결에서 왜 이런 요건이 나온 것일까?

판결은 누군가 제소를 해야 나온다. 그런데 반독점 소송이란 경쟁자가 시장에서 쫓겨나기 전에 마지막으로 법원에 호소하는 것이다. 만약 경쟁자가 이미 죽어버렸다면 소송도 없고 판결도 없다. 법이 만들어지지 않는다. 그러니 아직 살아 있는 경쟁자가 제소한 소송 사건에서는 밟아 죽이기 가격 정책을 시도한 상대방이 '앞으로' 어떻게 할 것인지가 중요한 것이다.

앞서 보았듯, 하얀 담배 사건에서는 리게트를 밟아 죽이려고 했던 브라운이 이겼다. 불법이 아니라는 판결도 받았다. 그런데 사실 브라운은 리게트를 시장에서 내쫓기 위해 파격적인 가격 전쟁을 했던 것이 맞다. 리게트가 중간에 꼬리를 내리고 전쟁을 중단했을 뿐이다.

미국에서는 판례에 의해서 새로운 법이 만들어진다. 반독점법의 조문도 사실 두 가지가 전부다. 그러니 미국에서 연방대법원의 판결이 나왔다는 것은 비슷한 경우에 관한 법이 생긴 것과 마찬가지로 보면 된다. 1993년에 나온 하얀 담배 판결은 밟아 죽이기 가격 정책에 관한 그동안의 논의를 집대성한 기본 판결이고, 지금도 유효한 살아 있는 법이라고 할 수 있다.

그런데 이 판결과 같은 법이 아마존 같은 회사에게는 엄청난 편안함을 주었다. 판결, 그러니까 판례법에 따르면, 아무리 적자를 감수하는 싼 가격으로 경쟁자를 죽이고 다른 경쟁자의 시장 진입을 막아서 독점기업이 되어도, 나중에 손해를 메꿀 생각도 없고 그렇게 할 수도 없다면 반독점법의 칼날을 피할 수 있다는 논리가 성립되기 때문이다.

제프 베이조스가 "소비자가 왕, 언제나 최저가!"를 외치고 실행한다면, 오히려 반독점법의 가치와 맞는 말이어서 더는 할 말조차 없게 된다. 초기업 아마존은 분명히 경쟁자를 모두 가격으로 밟아 죽이고 있는데, 반독점법은 아무 말도 하지 못하는 현실. 과연 우리 소비자들은 아마존을 적극 지지해야 하는 걸까? '소비자'를 두고 아마존과 애플이 맞붙었던 다음 사건을 보면 머리가 더 복잡해진다.

▌"소비자에게 더 싸게 파는데 무엇이 나쁘다는 말인가?"

초기업의 시대

킨들과 앱스토어의
전자책 전쟁

온라인 서점으로 시작한 아마존이 다시 책으로 세상을 놀라게 한 것은
2007년이었다.

'킨들Kindle'. 아직 스마트폰도, 큰 화면의 태블릿도 없던 시절이다.
오래 보면 눈이 아픈 LCD가 아니라 전자 잉크라는 새로운 기술로 만
든, 오직 독서를 위한 전자책 전용 기기가 세상에 나왔다. 언제나 그
렇듯 첫 번째 모델은 실험적인 시도라고 여겼다. 그저 얼리어답터early
adopter의 놀잇감이었다. 하지만 2009년, 킨들 2세대가 나오면서 대중
이 반응하기 시작했다. 지금도 킨들 하면 생각나는 그 디자인의 기기

▌아마존의 전자책 전용 기기, 킨들

다. 당연히 기기만 좋다고 사람들이 열광한 것은 아니었다. 킨들이 나올 당시 아마존은 이미 종이책 시장의 최강자였다. 전자책으로 볼 수 있는 콘텐츠가 처음부터 약 9만 권이 넘었다. 킨들 2세대가 나올 때는 30만 권 이상이 됐다. 하지만 콘텐츠는 숫자가 중요한 것이 아니다. 가장 인기 있는 책을 깆고 있시 않다면, 도서 플랫폼은 매력이 떨어질 수밖에 없다. 아마존은 이 점을 너무나 잘 알고 있었다.

'베스트셀러를 균일가 9.99달러에!'

할인 매장에서 많이 볼 수 있는 '균일가' 세일, 아마존은 이 방법을 도입했다. 그것도 미국에서 가장 인기 있는 최신 뉴욕타임스 베스트셀

∎ 9.99달러로 책 한 권을 볼 수 있게 해준 아마존

초기업의 시대

러라면 무엇이든 9.99달러에 볼 수 있는 파격적인 정책이었다.

이런 균일가 판매 정책은 사실 도입하기 쉽지 않다. 물건마다 원가가 다르기 때문이다. 그래서 만들어 파는 사람도 도매 가격을 똑같이 해서 공급하지 않는다. 판매 가격을 똑같이 하면 소매상이 가져갈 수 있는 이윤이 들쭉날쭉해진다.

게다가 소비자는 귀신같이 더 좋은 제품을 찾아낸다. 우리나라에서도 많이 보이는 '1,000원 숍'을 생각해보자. 판매 가격이 똑같으므로 소비자는 눈에 불을 켜고 가성비가 제일 좋은 것을 찾는다. 결국 원가가 가장 높은, 반대로 말하면 판매 이익이 적게 남는 상품이 가장 빨리 팔리고, 그렇지 않은 물건은 팔리지 않고 남는다.

하지만 아마존은 이런 걱정을 비웃듯, 모든 최신 인기 소설을 9.99달러에 파는 정책으로 소비자를 빠르게 사로잡았다. 더욱 놀라운 것은 출판사로부터 이런 책을 구입하는 가격, 즉 저작권료는 보통 12~14달러 정도였다는 것이다. 그래서 뉴욕타임스 베스트셀러 종이책의 가격은 보통 20~30달러 정도였다. 하지만 아마존은 전자책 한 권을 팔 때마다 2~4달러씩 꼬박꼬박 손해를 보면서 킨들을 통해 전자책을 반값 이하로 팔기 시작했다. 이는 아마존이 이커머스 시장을 장악했던 10년 전 모습 그대로였다.

결국 단 3년 만에 아마존은 미국 전자책 시장의 90퍼센트를 장악했다. 뉴욕타임스 베스트셀러라는 최고의 콘텐츠에 킨들이라는 강력한 플랫폼, 그리고 반값이라는 파격적인 가격 정책이 낳은 '시장 파괴' 그

전자책 판매를 시작한 애플의 아이패드

자체였다.

이때 강력한 도전자가 등장한다. 2010년, 아이패드를 출시하며 화려한 컬러 태블릿 시장이 열렸음을 선포한 애플이 아이패드의 주요 콘텐츠 중 하나로 전자책 판매를 시작한 것이다.

그런데 애플은 아마존과는 조금 다른 전략을 구사했다. 아마존이 최신 인기 소설을 꾸준히 9.99달러에 파는 것에 출판사들이 불안해한다는 사실을 이용한 것이다.

킨들의 성공 이후, 출판사들은 전자책 시장이 커지는 것은 좋았다. 하지만 다른 한편으로는 종이책 시장이 작아지고 따라서 종이책 가격이 내려갈까 봐 걱정했다. 이것을 '간섭효과Interference Effect'라고 한다. 간섭효과란, 여러 가지 상품을 판매하는 제조업체의 관점에서 어떤 한 상품이 잘 팔리면 비슷한 다른 상품이 팔리지 않는 현상을 말한다. 현대자동차가 소나타를 너무 잘 만들면 기아자동차의 비슷한 가격대인 K5가 잘 팔리지 않게 될 것이다. 문자 메시지를 팔던 이동통신사가 카카오톡이 나왔을 때 쉽게 모바일 메신저를 만들어 팔지 못한 이유도 이와 같다. 출판사는 이런 간섭효과 때문에 기존 매출의 대부분을 차지하는 종이책의 판매가 줄어들까 봐 염려했다.

실제로 킨들 열풍 이후 종이책의 인기가 낮아지면서 서점의 책에는 계속 새로운 할인 가격표가 덧씌워졌다. 이대로 가다가는 종이책도 전자책과 같이 9.99달러 균일가에 팔리는 세상이 오고, 결국 출판사의 수익이 크게 줄어들 것 같았다. 애플은 그런 출판사에게 이렇게 제안했다.

> "애플은 전자책 가격을 정하지 않겠다. 출판사가 알아서 정해라.
> 다만 우리에게는 30퍼센트의 수수료만 내면 된다."

여기까지는 이상하지 않다. 현재 앱스토어에서 애플이 앱을 파는 방법과 같다. 그런데 여기에 이런 조항이 붙어 있었다.

> "단, 다른 온라인 서점에서 애플보다 책을 더 싸게 팔면 안 된다."

이러한 조항을 보통 최혜국조항MFN : Most Favored Nation Clause이라고 한다. 원래 외교 관계에서 선진국이 특정 국가와 조약을 체결한 후, 해당 국가가 이후 조약을 체결하는 다른 국가보다 자신을 불리하게 대우하지 못하도록 정한 조항으로 이런 이름이 붙었다. 요즘에는 협상력에 따라 일반 회사들 사이의 계약에서도 종종 이용된다.

애플이 말한 '다른 온라인 서점'은 당연히 전자책 시장의 90퍼센트를 장악한 아마존을 겨냥한 것이다. 그 전까지 아마존의 강력한 판매력에 숨죽이던 출판사들이 애플이라는 새로운 힘을 등에 업고 아마존에 가격 인상을 요구하기 시작했다. 가장 인기 있는 책이 아마존 킨들에 들어가지 않는 경우도 생기기 시작했다. 출판사와 아마존의 힘 싸움이 시작됐고, 아마존의 전자책 시장 점유율은 65퍼센트까지 떨어졌다. 애플의 아이패드는 순식간에 10퍼센트의 점유율을 보이면서 성공적으로 시장에 진입했다.

그런데 어느 날, 애플과 미국 주요 출판사의 고위 임원이 호텔에서 만났다는 신고가 접수됐다. 애플이 미국의 5대 출판사 중 4개와 단 12일 만에 저작권 계약을 마무리한 것도 이상했다. 결국 전자책 시장의 90퍼센트를 장악하고 있던 아마존이 아니라 애플이 법정에 섰다. 시장의 10퍼센트를 차지하며 이제 막 전자책 사업에 뛰어든 애플이 담합 혐의로 제소당한 것이다. 애플은 미국의 5대 출판사가 전자책 가격을 함께 올리는 데 '연락책hub'의 역할을 한 이유로 출판사와 함께 제소됐다.

담합은 시장에서 중대한 불법이기 때문에, 경쟁자끼리 직접적·노골적으로 연락하기는 어려운 경우가 많다. 이때 경쟁자들과 공통으로 거래하는 제3의 회사를 중간에 끼우는 경우를 허브 앤 스포크 담합Hub and Spoke Cartel이라고 한다. 마차나 자전거 바퀴를 보면 가운데에 축이 있고, 축을 중심으로 바퀴살이 연결돼 있다. 이때 축을 허브hub라 하고 바퀴살을 스포크spoke라 한다. 서로 직접 연락하지는 않지만, 가운데 있는 제3의 회사를 통해서 연락하고 가격을 올리는 담합이 바퀴의 축, 바퀴살 모양과 비슷하다고 해서 붙여진 이름이다.

하지만 아마존의 이름은 사건 어디에도 없었다. 신고는 전자책 소비자인 독자가 한 것이었다. 미국에서 가장 무섭다는 집단소송class action의 형태였다. 아마존은 굳이 사건의 등장인물로 표현한다면, '피해자' 중 하나였다.

∥ 애플은 출판사와 담합한 혐의로 제소됐다.

결과를 예측하는 것은 어렵지 않았다. 모두가 예측한 대로 결과가 나왔다. 9.99달러로 최신 베스트셀러를 계속 보고 싶은 소비자가 이겼다. 애플은 출판사와 맺은 최혜국조항을 포기했고, 아마존은 계속 손해를 볼 수 있게 됐다.

킨들이 나온 지 10여 년이 지난 후, 미국에서 전자책 매출은 당시의 10배가 되었고, 예상대로 종이책 매출액을 앞질렀다. 그리고 아직도 아마존은 10배나 커진 이 시장의 80퍼센트 이상을 장악하고 있다.[25] 킨들에서는 여전히 꽤 많은 베스트셀러가 9.99달러에 팔리며, 간혹 12.99달러나 14.99달러의 책도 있지만, 여전히 종이책의 반값이다. 과연 언제까지 아마존의 독주는 계속될까? 언제까지 소비자의 즐거움도 계속될까?

왜 식품 시장까지
인수했을까

2017년 M&A 시장을 크게 흔든 뉴스가 있었다.

> "아마존, 홀푸드마켓Whole Foods Market을 137억 달러(약 15조 원)에
> 인수하다!"

이것이 어떤 정도의 의미인지 잘 와닿지 않을 수 있다. 우리나라에
도 홀푸드를 벤치마킹해서 생긴 스타트업 마켓컬리Market Kurly가 있지
만, 1980년에 문을 연 홀푸드는 미국에서 인지도나 브랜드 가치가 훨
씬 높다. 굳이 비교하자면 우리나라 전국의 백화점 식품관을 모두 모

▌한때 미국 최고의 식품 마켓 체인이었던 홀푸드마켓

초기업의 시대

아 놓은 것과 비슷하다고 할 수 있다. 미국 최고의 고급 유기농 식품 전문 슈퍼마켓 체인이 바로 홀푸드다.

유기농 전문점이라고 해서 작은 동네 식품 가게를 생각하면 안 된다. 홀푸드는 매장 하나가 이마트 정도의 대형 마트 크기다. 그 안에 고기나 채소와 각종 식재료가 가득 차 있는데, 모두 유기농으로 인증받은 것이다. 물론 값은 아주 비싸다. 비슷한 소고기 같아도 가격은 3~4배 정도 더 비싼 경우가 흔하다. 이런 유기농 식품 마트를 미국 전역에 400개 이상 가진 홀푸드를 아마존이 인수한 것이다.

홀푸드는 1980년대부터 시작된 미국 유기농 식품 열풍의 승자였다. 홀푸드는 남부 텍사스주의 오스틴Austin에서 처음 가게를 열었고 크게 성공한 이후, 공격적인 확장과 M&A로 빠르게 미국 전체 유기농 식품 시장을 장악하는 전략을 썼다. 1988년에는 가까운 뉴올리언스New Orleans에 있는 유기농 식품 슈퍼마켓을 인수했고, 1990년대에는 멀리 서부 캘리포니아주와 동부 매사추세츠주까지 확장해서 미국 전역의 유기농 식품 슈퍼마켓을 거의 다 인수했다. 2000년대 중반에 이미 미국 전역에 가진 매장이 무려 194개였다.

이렇게 시장이 정리되면서, 경쟁자 둘이 외나무다리에서 만났다. 상대방은 1987년에 시작해서 역시 똑같은 전략으로 마켓을 인수해 미국 전역에 유기농 마트를 확장하던 와일드오츠마켓Wild Oats Market이었다. 와일드오츠도 1997년에 무려 매장 47개를 새로 인수하는 등 공격적인 M&A를 계속해서 2000년대 중반에는 미국 전역에 110개 매장을 갖고 운영하고 있었다.

이때 홀푸드가 와일드오츠를 인수하겠다고 발표했다. 성사만 된다면, 미국 전체 유기농 마트가 홀푸드 단 하나의 브랜드로 정리되는 거대한 M&A였다. 미국에서 M&A 심사를 담당하는 연방거래위원회가 일단 제동을 걸었고, 거래를 금지해달라는 소송을 제기했다. 법정에서는 아마존의 독점 논란과 똑같은 토론이 벌어졌다.

> "M&A가 성사되면, 홀푸드는 유기농 식품 시장을 100퍼센트 장악하는 독점기업이 되는 것인가, 아니면 그냥 전체 식품 유통 시장에서 작은 기업 2개가 합병하는 것일 뿐인가?"

연방거래위원회와 홀푸드의 논쟁은 치열했다. 1심에서는 홀푸드

┃유기농 식품 시장을 차지하려는 홀푸드

초기업의 시대

가 이겼다. 법원은 전체 식품 유통 시장에서 아주 작은 유기농 분야의 M&A일 뿐이라는 홀푸드의 주장에 손을 들어 주었다. 하지만 2심에서는 결과가 뒤집혔다.[26]

> "매일 고기나 채소를 사는 모든 소비자가 아니라 유기농 식품을 사는 일부 소비자가 M&A 때문에 나쁜 영향을 받는 건 아닌지 정확히 판단해야 한다."

이런 판단을 앞에서 언급된 용어인 '시장 획정'이라고 한다. 이 거래와 관련성이 있는 시장을 정한다는 의미에서 '관련 시장 획정'이라고도 한다. 어떤 M&A 거래로 인해 영향을 받는 상품이나 서비스는 무한정 많은 것이 아니다. 지역적 범위도 무제한이 아니다. 코카콜라와 펩시콜라가 합병한다면 콜라 소비자는 큰 선택지가 하나 없어지는 영향을 받겠지만, 오렌지주스나 우유를 마시는 소비자에게 영향이 있을지는 알 수 없다. 애매하다. 하지만 이런 콜라 회사들 사이의 M&A 거래가 꽃 시장에 미치는 영향은 전혀 없을 것이다. 이는 분명하다. 이런 식으로 일정한 범위를 정한 후에 해당 시장에 미치는 영향을 측정하기 때문에 시장 획정은 결국 M&A 거래의 금지 여부를 결정하는 가장 결정적인 요소가 된다. 서울의 인구 천만 명이 우리나라에서는 약 20퍼센트를 차지하지만, 아시아 전체에서는 1퍼센트도 안 되는 것과 비슷하다.

그러니까 미국의 2심 법원은 홀푸드와 와일드오츠 M&A 거래의 관련 시장을 식품 전체 시장이 아니라 그보다 훨씬 좁은 유기농 식품 시장으로 본 것이다. 우리나라에서 같은 사건이 있었다면 다른 결과가 나왔을지도 모른다. 우리나라도 2000년대 중반과 2020년의 판단은 달라질 수 있다. 그런데 적어도 미국에서는 2000년대 중반 당시 이미 20년 이상 유기농 식품 시장이 성장해왔고, 유기농 식품을 선호하는 핵심 소비자층이 있었다. 법원도 이 사실을 잘 알고 있었기 때문에 해당 사건의 M&A가 유기농 식품 시장에서 경쟁을 해치는 거래일 수 있으니 더 깊은 검토를 하도록 1심으로 돌려보낸 것이다.

결국 홀푸드는 와일드오츠의 일부 매장을 매각하고, 일부는 폐업하여, 와일드오츠라는 브랜드를 매각하는 조건으로 연방거래위원회와 합의한 후 소송을 끝낼 수 있었다. 2심 판결 때문에, 와일드오츠라는 강력한 경쟁자가 살아날 수 있는 불씨를 살려 놓은 셈이다. 물론 결과적으로 와일드오츠는 되살아나지 못했고, 홀푸드는 미국 유기농 식품 시장의 압도적인 브랜드가 되었다.

이렇게 작은 물고기와 큰 물고기를 모두 삼키며, 미국 유기농 식품의 유일한 상징이 된 홀푸드는 2017년에 결국 아마존이라는 더 큰 물고기의 입으로 들어갔다.

아마존이 홀푸드를 인수한 후 미국 유기농 식품 유통 시장은 커다란 변화를 겪었다. 아마존에 대항하기 위해 월마트Walmart, 코스트코Costco와 같은 거대 오프라인 유통 업체들이 유기농 식품 공급망을 강화하기 위해 식품 구매 대행 배달 회사인 인스타카트Instacart 또는 십트Shipt 같은 스타트업을 인수하거나, 온라인 신선 식품 구매 및 배달 공급망에 거액을 투자하기 시작했다. 아마존이 온라인 식품 유통 시장에 '메기'가 된 것이다. 마치 우리나라에서 마켓컬리가 이마트나 롯데마트 같은 대기업의 신선 식품 배송과 새벽 배송 시장 진입을 자극한 것과 비슷하다.

유통 산업은 규모의 경제가 가장 극적으로 발휘되는 특징이 있다. 판을 까는 플랫폼 산업이고, 처음 판을 깔 때는 돈이 많이 든다. 하지만 이용자가 많이 생길수록 평균 비용이 내려가는 특징이 있다. 또한 소비자와 판매자 사이에 다리를 놓는 비용은 많이 들지만, 한번 이 다리를 이용하기 시작하면 소비자는 웬만해서 다른 길로 가려고 하지 않

▌홀푸드 안에 자리한 아마존 라커의 모습

는 특성이 있다. 이런 경향을 경로 의존성 Path Dependency이라고 한다. 한 번 어떤 앱을 이용하면 메뉴는 물론 버튼의 위치 같은 작은 것에 익숙해져 편안함이 생긴다. 그렇기 때문에 다른 앱을 쓰면 어딘가 불편하다. 원래 쓰던 것이 조금 불편해도 다른 서비스로 잘 옮기지 않는 경향은 어느 서비스에서나 볼 수 있는데, 특히 서비스 자체의 품질 차이가 크지 않은 유통업에서는 이런 경향이 더 뚜렷한 듯하다.

결국 아마존은 온라인 마켓이라는 거대한 강줄기에 홀푸드라는 1급수 작은 강을 연결했다. 과연 아마존이 1급수에서만 살던 물고기를 잘 보존하면서 유기농 식품 유통이라는 거대한 생태계를 계속 키워 나갈 수 있을까? 과연 아마존이 이 새로운 시장에서도 소비자들에게 언제 끝날지 모르는 즐거움을 줄 수 있을까?

사실 아마존이
돈 버는 영역은 따로 있다

자연스럽게 이어지는 궁금증이 있다. 상품은 최저가를 고집하고, 전자책은 손해 보고 팔고 있는데 도대체 아마존은 어디에서 돈을 벌까? 이 궁금증을 풀기 위해 아마존 2018 사업보고서의 한 부분을 아주 빠르게 보고 넘어가자. 이 책은 아마존의 경영 수치에 대해서 본격적으로 분석하는 보고서는 아니지만, 꼭 한 번은 눈으로 보면 좋은 표이다.

| 표1 | 2018년 아마존 사업보고서

(단위: 백만 달러, 기간: 12월 31일까지)

순 매출액	2016년	2017년	2018년
북미(미국, 캐나다)	79,785	106,110	141,366
유럽, 일본 및 기타 국가	43,983	54,297	65,866
아마존웹서비스(AWS)	12,219	17,459	25,655
총합	135,987	177,866	232,887

영업 이익(손실)	2016년	2017년	2018년
북미(미국, 캐나다)	2,361	2,837	7,267
유럽, 일본 및 기타 국가	- 1,283	- 3,062	- 2,142
아마존웹서비스(AWS)	3,108	4,331	7,296
총합	4,186	4,106	12,421

출처: AMAZON 2018 Annual Report

　　북미인 미국과 캐나다, 유럽, 일본 등 그 밖의 지역에서의 이커머스 매출과 이익을 먼저 보자. 2018년에 아마존은 미국과 캐나다의 상거래에서 약 1400억 달러(약 160조 원)를 벌었고, 그중 약 5퍼센트인 72억 달러(약 8조 원)를 이익으로 남겼다. 반면 미국과 캐나다 밖에서는 약 658억 달러(약 80조 원)를 벌었지만 그중 약 3퍼센트인 21억 달러(약 2조 5000억 원)의 손해를 봤다. 두 항목을 합쳐 보면, 아마존은 이커머스 회사인데 이커머스에서 이익이 거의 없음을 알 수 있다.

　　그런데 그 아래에 아마존웹서비스AWS : Amazon Web Services(이하 'AWS')

라는 항목이 있다. 2018년에 약 256억 달러(약 30조 원)를 벌었는데, 그중 무려 약 73억 달러(약 9조 원)를 이익으로 남겼다. 영업이익률이 무려 28.4퍼센트다. 아마존에서 조용히 이익을 담당하고 있는 부문은 바로 AWS였다.

AWS는 클라우드 컴퓨팅, 즉 컴퓨터와 저장 공간인 스토리지storage를 빌려주는 서비스다. 업계에서 2006년에 가장 먼저 시작했고, 이후 이 시장의 압도적인 강자로 자리매김했다. 예전에는 70퍼센트 이상을 차지하는 절대적 강자였는데, 시장이 커지고 마이크로소프트, 구글과 같은 경쟁자가 들어오면서 2018년에는 세계적으로 시장의 약 32퍼센트를 차지했다.[27]

┃AWS, 아마존의 알짜 사업은 따로 있었다.

AWS는 우리나라에도 지사를 설립하여 활발하게 영업 활동을 펼쳤다. 우리나라에서 어느 정도 자리 잡은 스타트업이나 IT 회사들은 AWS를 사용하는 것이 일종의 기본이 되어 가고 있다.

이런 AWS에 대해서는 미국에서 1년 중 가장 큰 할인이 시작되는 블랙프라이데이Black Friday 시즌에 소비의 20퍼센트부터 많게는 40퍼센트까지 집중되는 미국 이커머스의 특성을 고려하여, 평소에 놀고 있는 아마존의 컴퓨터와 스토리지를 활용하기 위해 시작했다는 말이 있다. 다만 AWS 부사장이 공식적으로 아니라고 했으니 아마도 루머였던 것 같다.[28] 이런 루머는 아마존이 클라우드 시장을 엄청나게 빨리 선점했다는 사실을 부러워하거나 질투하는 마음에서 나온 것이 아니었을까.

AWS 말고도 예전부터 아마존이 조용히 시장을 넓히고 있는 분야가 하나 더 있다. 아마존 물류 창고FBA : Fulfillment By Amazon(이하 'FBA')이다. FBA는 쉽게 말해, 아마존의 창고와 배송 서비스를 빌려주는 서비스다. 인터넷 서비스를 하는 회사가 AWS를 이용하면 서버 컴퓨터를 살 필요가 없는 것처럼, 상품을 판매하는 회사나 소상공인이 FBA를 이용하면 창고를 살 필요도, 배송 업체를 따로 구할 필요도 없다. 사실 아마존은 FBA를 AWS(2006년 시작할 당시의 이름은 Amazon S3 : Simple Storage Service였다)의 출범 시기인 2006년에 시작했다. 당시 아마존은 아직 이베이Ebay와 같이 외부 판매자가 물건을 파는 마켓플레이스marketplace를 갖고 있지 않던 때다. 아마존은 직접 상품을 사서 싸게 팔고, 이베이는 판매자들 사이의 경매 방식을 통해 상품을 싸게 파는 것으로 사업 형태가 명확히 구분되었다. 아마존은 외부 판매자의 판매를 개시하면서 이들이 이용할 수 있는 FBA 서비스를 출시한 것이다.

10여 년이 지난 지금, 미국에서 아마존 마켓플레이스를 통해 물건을 파는 상위 1만 개 판매자 중 무려 58퍼센트가 FBA를 이용한다. 미국 외의 지역에서도 절반 정도가 이용하고 있다.[29] 2018년 우리나라에서 시작된 아마존 커머스 서비스도 소비자에 대한 상품 판매가 아니라 FBA 형태다. 한국 소비자가 아마존에서 물건을 살 수 있게 되기 전에, 한국 판매자가 먼저 아마존을 통해 전 세계로 물건을 팔 수 있는 길을 연 것이다.

▌온라인 판매자가 아마존의 FBA를 이용하면 창고와 배송 업체가 필요 없다.

아마존이 FBA를 통해 정확히 얼마나 매출을 올리고 이익을 남기는지는 정확히 알려져 있지 않다. 다만 아마존은 2016년에 20억 개 이상의 외부 판매자 상품을 배송했으며, 실제 물건을 파는 판매자 중 FBA를 이용하는 비중이 70퍼센트 이상 증가했다고 공개한 적은 있다. FBA가 급성장하고 있는 또 다른 아마존의 캐시카우cash cow(돈벌이가 되는 상품)인 점은 분명하다.

아마존의 AWS와 FBA는 사업을 하기 위해 꼭 필요한 인프라를 빌려준다는 점에서 아주 비슷하다. 그런데 무서운 점도 비슷하다. 이용자는 한번 익숙해지면 스스로 인프라를 소유하려고 시도하지 않는다는 점, 그리고 아마존은 꾸준한 현금 수입을 유지할 수 있다는 점이다. 이커머스와 마찬가지로, AWS와 FBA는 훌륭한 서비스와 매력적인 가격으로 이용자를 블랙홀처럼 끌어들인다.

매일 생필품을 사는 것이 우리 생활의 기본적인 모습이듯, 인터넷 서비스를 판매하는 회사에게 서버 컴퓨터와 스토리지는 가장 필수적이고 기본적인 인프라다. 인터넷에서 물건을 파는 사람이라면 매장, 그리고 창고와 배송은 없어서는 안 되는 시설이다. 이 모든 것이 아마존에서 이루어지는 때가 온다면, 아마존은 그때도 마치 반독점법의 대변인처럼 오로지 소비자에게 유리한 정책만 유지할까? 어쩌면 이 질문을 확인하기에는 우리의 인생이 너무 짧을지도 모른다.

아마존 제국은
얼마나 더 커질 것인가

"Get amazoned."

요즘 미국에서 자조 섞인 농담으로 쓰이는 말이다. 한때 우리나라에서
유행하던 "새 됐어"라는 말과 비슷한 느낌일까.

아마존이 새로운 시장에 진출하면 그 시장에서 원래 사업을 하던
회사는 결국 아마존을 견디지 못하고 망했다. 아마존은 책에서 시작해
서 전자제품으로 영역을 확장했고, 모든 공산품에서 이제는 식품과 의
약품까지 파는 대형 이커머스 플랫폼이 되었다. 킨들은 전자책을 읽을
수 있는 기기에서 음악, 영상 그리고 이제는 오디오북까지 즐길 수 있
는 만능 태블릿이 되었다. AWS는 IT 기업에게 꼭 필요한 컴퓨터와 스
토리지를 빌려주고, FBA는 온라인 상인에게 꼭 필요한 창고와 배송
서비스를 빌려준다. 그러다 보니 데이터베이스 시장을 장악한 기업 오
라클Oracle과 대형 택배 배송 기업 페덱스FedEx도 아마존의 경쟁자 리
스트에 추가되었다. 심지어 아마존이 2014년에 발표한 인공지능 스
피커 알렉사Alexa는 구글을 포함한 모든 가전제품 회사의 위협이 되고
있다. 아마존의 확장은 정말 끝이 없어 보인다.

과거 스탠더드오일의 실상을 고발했던 아이다 타벨은 록펠러에 대
해서 이렇게 말했다.

▌아마존의 인공지능 스피커인 알렉사

"록펠러에 관해서 가장 인상적인 점 중 하나는 그의 인내심이다."

– 아이다 타벨, 『스탠더드오일의 역사』

　록펠러는 리베이트를 통해 석유를 싸게 팔면서 경쟁 회사가 견디지 못하고 퇴출할 때까지 끈기 있게 기다렸다. 시장을 장악한 후에도 석유 가격을 올리지 않았다. 대신 힘이 빠진 경쟁자를 끊임없이 인수했다. 그리고 석유가 사람들에게 꼭 필요한 상품이 되면서 자연스럽게 최대의 부를 거뒀다.

　그로부터 100년 후에 나타난 제프 베이조스의 인내심은 록펠러보다 더하면 더했지, 결코 덜하지 않은 것 같다. 손해를 보면서까지 가격을 낮추고, 경쟁자가 무너질 때까지 기다린다.

그런데 록펠러와 다른 점은, 아마존은 초기업의 형태로 끊임없이 '다른 시장'으로 영역을 확장하면서 전략을 반복하고 있다는 것이다. 서비스를 잘하고 있는 기존 회사를 높은 가격으로 인수한 뒤 아마존 플랫폼에 끼워 넣어 더 많은 소비자의 관심을 받으면서 가격은 손해를 볼 정도로 대폭 낮춘다. 그리고 모든 경쟁 수단을 동원한다. 거래처의 공급 가격은 낮추고, 이들이 아마존의 정책에 따르지 않으면 가차없이 불이익을 준다. 하지만 이용자나 소비자에게는 한없이 관대하다. 절대 이용할 것을 강요하지 않으나, 이용하지 않을 수 없을 정도로 좋은 서비스를 선보인다. 시간이 흘러 다른 경쟁자가 버티지 못하고 퇴출하면, 자연스럽게 아마존의 시장 점유율이 올라간다. 규모의 경제에 의해 수익이 나기 시작한다. 그러면 그 수익으로 또 다른 시장에 발을 들인다.

1997년 제프 베이조스가 하버드 비즈니스 스쿨에서 강의를 한 적이 있는데, 한 학생이 냉소적으로 "아마존닷컴의 목표가 뭡니까?"라고 물은 적이 있다. 그러자 제프는 "모든 것을 모두에게, 어디서나 파는 것입니다sell everything to everyone everywhere"라고 말했다. 그러자 그 학생은 창고비나 배송비가 더 나올 것 같은 물건을 예로 들며, "개밥도요?"라고 다시 물었고, 제프 베이조스는 "당연하죠"라고 답했다.[30]

산업화시대의 반독점법으로는 도저히 규제할 논리가 없다는 독점 기업 아마존. 과연 인터넷시대의 새로운 반독점법을 낳는 아버지가 될까? 아니면 제프 베이조스가 하버드 비즈니스 스쿨 학생에게 한 말대로, '모든 물건을 모두에게 어디서나 파는' 아마존 제국의 건설이 완성될 것인가?

6장

한국형 아마존도
나올 수 있을까

MONOPOLY

그 들 은
어 떻 게
독점시장을
만 드 는 가

국내 이커머스 시장의
춘추전국시대

2010년, 소셜커머스 그루폰이 몰고 온 세계적인 열풍과 함께 비슷한 시기에 출발한 3대 소셜커머스인 쿠팡, 위메프, 티몬. 이 회사들은 아이폰으로 폭발한 모바일시대의 거센 밀물에 올라탔다. PC와 웹을 기반으로 한 기존 이커머스 업체가 모바일과 스마트폰의 변화에 적응하지 못하는 사이에 쿠팡, 위메프, 티몬은 소셜커머스를 탈피한 후 빠르게 성장하여 2015년 1조 원이 넘는 거래액을 기록했다. 뒤늦게 전열을 정비한 기존 유통 업체와 이커머스 업체도 본격적으로 경쟁에 뛰어들면서 이커머스 시장의 '춘추전국시대'가 열렸다.

하지만 경쟁의 격화로, 이커머스 회사의 적자 규모는 눈덩이처럼 불

모바일시대와 함께 성장한 이커머스 기업

어나고 있다. 가장 결손이 컸던 쿠팡은 2018년 한 해 적자만 1조 원을 넘었다. 다른 회사도 매년 500억에서 1000억 원이 넘는 적자를 보고 있다.

그런데 그러면서 항상 함께 등장한 이야기가 '한국의 아마존'이다. 사실 지마켓과 옥션을 운영하는 이베이코리아, 아마존의 한때 경쟁자였던 이베이의 한국 지사를 제외하고, 한국 이커머스 기업은 모두 '아마존 바라기'라고 할 수 있다. 아래는 이를 증명하듯 나온 여러 기사의 제목이다.

- 한국의 아마존 꿈꾸는 쿠팡… '의도된 적자'로 언제까지 버틸까?

  (『한국경제신문』, 2019)

- 신세계 '한국 아마존' 도전… 1조 투자 유치

  (『매일경제신문』, 2018)

- SK플래닛, 11번가 분사… "한국의 아마존으로 키울 것"

  (『한겨레』, 2018)

- 위메프, 한국판 '아마존' 도전… "주말·공휴일도 당일 도착 서비스"

  (『한국경제신문』, 2017)

초기업의 시대

아마존은 2019년 현재 미국 이커머스의 거의 절반을 차지했고 마이크로소프트, 애플과 함께 전 세계 시가총액 1위를 다투는 거대 초기업이다. 단순한 이커머스 기업도 아니고, 킨들로 대표되는 디지털 콘텐츠 서비스, AWS와 같은 클라우드 서비스, FBA와 같은 물류창고 서비스까지 하는 종합 IT 회사다. 물론 한국의 이커머스 회사가 앞다투어 아마존을 추종하는 것은 이렇게 종합적인 IT 회사가 되겠다는 의미는 아닐 것이다. 한국에서 이커머스의 '1위'가 되겠다는 의미가 크겠지만, 사실 단순히 그런 의미만도 아니다.

한국 이커머스 회사의 꿈을 이해하기 위해서는 아마존의 CEO인 제프 베이조스가 창업 초기 냅킨에 그렸다는 '플라이휠flywheel' 모델을 살펴볼 필요가 있다.[31] 제프 베이조스는 아마존을 창업하면서 '낮은 비용으로 싸게 물건을 팔면 소비자의 경험이 좋아지고, 소비자의 경험이 좋아지면 방문자가 늘어나고, 그러면 판매자도 늘어나서 자연스럽게 다양한 물건이 팔리기 때문에 다시 또 소비자 경험이 더 좋아지는 선순환 구조'를 생각했다. 그리고 실행에 옮겼다. 이후 매년 파산할 것이라는 전문가의 전망을 비웃듯 창업 8년 만에 비로소 흑자를 낸 후 20년이 지난 지금까지 이 원칙을 철저히 지키고 있다. 앞에서 이야기한 것과 같이, 아마존의 커머스 부문 영업이익률은 아직도 3퍼센트 남짓에 불과하다. 하지만 여전히 아마존은 계속 커지고만 있다.

한국 이커머스 회사도 바로 이 '플라이휠' 구조를 꿈꾼다. 선순환 구조로 자연스럽게 한국 시장을 독식하겠다는 꿈을 꾸고 있다. 게다가 우리나라는 이커머스뿐만 아니라 IT쪽 시각에서 봐도 꽤 독특한 시장이 아닌가? 전 세계의 PC 문서 작성 프로그램을 MS 워드가 장악한 이후에도 '아래아 한글'이라는 토종 프로그램이 여전히 상당한 시장을 차지하며, 공문서 등을 중심으로 명맥을 유지하고 있다. 이뿐만 아니다. 검색엔진은 구글이 아닌 네이버가, 모바일 메신저는 왓츠앱whatsapp도 위챗wechat도 아닌 노란색 아이콘의 카카오톡이 소비자를 사로잡았다.

락인효과lock-in(어떤 제품을 사용한 소비자가 새로운 상품이 나와도 다른 제품으로 소비 전환을 하지 않고 기존 제품이나 서비스에 계속 머무르는 현상)가 생기면 좀처럼 바뀌지 않는 소프트웨어 시장의 특성 덕분일 수도 있고, 한글이라는 보이지 않는 벽 덕분일 수도 있다. 글로벌 IT 기업의 진입 시차가 있는 동안, 높은 수준의 국내 IT 인프라를 통해 토종 기업이 빠르게 시장에 자리 잡았기 때문일 수도 있다.

국내 이커머스 시장에서도 아마존 같은 한국만의 독특한 브랜드가 나오지 말라는 법은 없다. 이렇게 '한국의 아마존'이라는 구호는, 현시대의 초기업 아마존이 처음에 거액의 적자를 내면서도 최저가를 고수하고 구색을 갖추면서 소비자를 사로잡아 이커머스를 장악했듯이, 지금 발생하는 적자는 결국 한국 시장을 압도하기 위한 투자로 생각해야 한다는 논리이다. 동시에 거액의 적자를 보는 사회적인 우려에 대한 반론이다.

하지만 적자는 적자이고, 어디에선가 돈은 나와야 한다. 아마존은 창업 3년 만인 1997년, 나스닥에 상장해서 자금 조달의 숨통을 틔었다. 당시 기업 가치는 약 4억 3800만 달러(약 4800억 원)였다. 하지만 한국의 대형 이커머스 회사는 최소 1조 원 이상, 최대 5조 원까지의 기업 가치가 추정됨에도 불구하고, 까다로운 한국의 상장 요건 때문에 대규모 적자 상태에서는 상장하기 어렵다.

게다가 지마켓과 옥션을 가진 이베이코리아를 제외한 토종 한국 이커머스 회사의 적자 폭은 매우 크다. 쿠팡이 매년 5000억 원 이상, 2018년에는 1조 원이 넘는 적자를 꾸준히 기록하고 있고, 티몬이나 11번가도 1000억 원 이상의 적자에서 내려오지 못하고 있다. 위메프가 유일하게 매년 적자를 줄여가고 있지만, 아직 손익분기점BEP : Break-Even Point 소식은 들리지 않는다. 과연 한국 이커머스에서 아마존이 나올 수 있을 것인가? 그럼, 누가 왕관을 쓰게 될 것인가?

적자인 이커머스 회사가
생존하는 법

많은 사람이 의아해한다. 우리나라의 이커머스 회사가 매년 적어도 1000억 원, 많게는 1조 원이나 되는 적자를 보면서도 어떻게 망하지 않는지 말이다. 적어도 겉으로 보이는 재무제표의 숫자로는 이해하기 어렵다.

하지만 유통 회사의 특성을 조금 알게 되면 고개를 끄덕이게 될 것이다. 달리는 자전거가 넘어지지 않는 것과 비슷한 원리다. 유통 회사는 플랫폼인데, 제조사나 판매자로부터 물건을 받아서 소비자에게 판다. 돈의 관점에서 말하면, 소비자가 결제한 돈은 유통 회사를 거쳐 판매자나 제조사로 간다. 그런데 유통 회사가 물건을 구입할 때마다 '즉시' 대금을 결제하지는 않는다. 예전부터 어음으로 대금 지급 시기를 미루는 경우도 있고, 아예 위탁판매와 같이 실제로 팔린 만큼만 대금을 지급하고 남은 물건은 돌려주는 방법도 있다. 요즘 온라인에서 이루어지는 상거래도 비슷하다. 단순히 소비자와 판매자를 연결하는 중개 방식(주로 오픈마켓open market이라 불리는데, 이는 업체가 직접 상품을 판매하는 것이 아니라 판매자가 직접 가입해서 일정한 조건하에 자신의 상품을 판매할 수 있는 시장을 열어주는 서비스. 우리나라에서는 대표적으로 지마켓이나 11번가와 같은 이커머스가 오픈마켓의 형태)이든, 직매입 방식(전자상거래지만 자신의 창고를 지어 놓고 직접 물건을 사서 파는 방식, 대표적으로 쿠팡의 로켓배송 상품)이든 일단 소비자가 결제한 돈은 이커머스 플랫폼으로 들어가고, 회사는 한 달에 한 번 일정한 주기를 두고 판매자에게 '정산'이라는 이름으로 대금을 지급하는 것이 보통이다. 같은 상품이라고 해도 항상 같은 가격으로 팔리는 것도 아니며, 쿠폰이나 할인 행사를 할 때도 있고, 전자상거래법에 따라서 소비자는 물건을 받은 뒤 7일 이내에 언제든 반품을 할 수 있다. 때문에 이커머스 플랫폼은 물건이 팔리는 즉시 돈을 줄 수 없는 구조이다.

초기업의 시대

그러니까 유통 회사는 돈이 고이는 저수지와 같다. 소비자로부터 흘러들어온 돈은 회사에 잠시 고여 있다가, 판매자에게 다시 흘러간다. 저수지에 모인 물은 결국 언젠가는 모두 강이나 바다로 흘러가지만, 상류에서 오는 물이 하류로 내려가는 물의 양보다 많다면 저수지가 마를 일은 없는 것이다. 이처럼 유통 회사는 일종의 '시차'를 이용한다.

아마존의 재무제표도 본 적이 있으니, 우리나라의 대형 이커머스 중 하나인 위메프의 재무제표도 간단히 살펴보자. 2018년 위메프의 감사보고서에 의하면, 매출액은 약 4294억 원이고 영업손실이 약 390억 원이다. 영업손실은 2017년에도 417억 원이었다. 자본 계정을 보면, 2017년 말 자본총계가 -2398억 원, 2018년 말에는 -2793억 원으로 완전 자본잠식(적자 때문에 원래 갖고 있던 자본까지 줄어드는 현상)된 모습이다. 영업손실이 계속되고 있으므로 이는 당연한 결과다. 여기까지는 도대체 이 회사가 어떻게 굴러가고 있는지 의아하기만 하다. 직원이 2,000명 가까이 되는 큰 회사인데, 도대체 돈이 어디에서 나오는지 보이지 않는다.

하지만 현금 흐름을 따라가면 조금 이해가 되기 시작한다. 이 회사의 영업 활동으로 인한 현금 흐름은 2018년에 +348억 원, 2017년에도 +591억 원을 기록했다. 2018년 말에는 '미수금'으로 무려 3447억 원이 기록돼 있다. 보통 회사의 미수금은 좋지 않은 징조이지만, 반대로 이커머스 플랫폼이라는 저수지에서는 이 숫자가 '고인 물'을 보여주는 것이다. 우선 상류에서 흘러들어오는 물이 흘러나가는 물보다 매년 300~600억 원 정도 더 많기 때문에, 고인 물이 계속 늘어나는 구조다. 저수지에 고인 물도 원래는 3400억 원 넘게 있어야 하지만, 그동안 흘러나간 물(자본잠식) 때문에 줄어들었다. 하지만 흘러나간 부분을 빼도 약 1000억 원 정도는 고여 있다는 의미다. 이 돈을 마치 자본금처럼 이용하고 있는 것이 이커머스의 마법이라면 마법이다.

물론 흘러들어오는 물이 흘러나갈 물보다 항상 많으리라는 법은 없다. 가뭄이 들면 물도 마른다. 경기가 위축되거나 소비가 줄어들면 어려움이 닥칠 것이다. 이 점에서는 보통 회사와 마찬가지다. 매출보다 비용이 많으면 유통 회사도 어려워진다.

그런데 사람들이 돈을 쓰는 방법 자체가 바뀌고 있다면 어떨까? 현금을 쓰던 사람이 신용카드를 쓰고, 가게에서 신용카드를 쓰던 사람이 인터넷 홈페이지에서 물건을 사고, 또 모바일 결제로 돈을 내기 시작했다면? 돌고 있는 돈은 똑같은데, 기술적인 이유 혹은 다른 어떤 이유로 사람들이 돈을 쓰는 방법이 바뀌는 때가 있다. 즉 돈이 흐르는 방향이 바뀌는 때가 온 것이다.

아마존은 인터넷이 시작되던 1994년에 등장해서 인터넷과 함께 성장했다. 현재 경쟁하고 있는 우리나라의 소셜커머스 회사들이 모두 2010년에 설립된 것도 우연이 아니다. 2009년 하반기는 우리나라의 모바일 시장을 크게 열어젖힌 애플의 아이폰 3GS가 정식 출시된 해가 아니던가! 돈이 인터넷을 타고 흐르기 시작할 때 아마존이 탄생했고, 모바일이라는 새로운 물줄기가 생기면서 작은 스타트업에 불과했

❚ 모바일로 결제하는 시대가 되자 이커머스도 폭발적으로 성장했다.

던 소셜커머스가 넘치는 돈의 흐름을 타고 커다란 강이 될 수 있었다.

이커머스와 모바일의 성장이 단기간에 멈출 것이라고 보는 사람은 없다. 사람들은 점점 더 오프라인에서 돈을 쓰지 않으며, 아예 오프라인에서 하던 결제는 모바일로 합쳐지고 있다. 이커머스로 들어오는 물줄기는 해가 갈수록 커지는 것이다. 일시적으로 어려움을 겪는 회사가 생길 수 있다. 하지만 점점 커가는 시장 속에서 계속 달리는 한, 대부분의 이커머스 회사가 성장하는 자체에 문제는 없을 것이다. 진짜 문제는 점점 크게 모이는 돈을 어떻게 현명하게 잘 쓰느냐이다. 아마존처럼 계속 다른 분야로 확장할 것인가, 아니면 다른 방법으로 소비자를 끌어올 것인가. 진짜 경쟁은 이제 시작됐다고 볼 수 있다.

불편한 공인인증서의
실체

폭발적으로 성장한 모바일의 현금 흐름을 등에 업고 해가 다르게 커지는 한국의 이커머스 브랜드가 정말 많기도 하다. 원조인 인터파크부터 이베이 계열의 오픈마켓인 지마켓과 옥션, 대기업 계열인 11번가, SSG닷컴, 롯데닷컴, 소셜커머스 출신의 쿠팡, 위메프, 티몬, 그리고 GS샵 등과 같은 홈쇼핑 계열의 다양한 이커머스 브랜드까지. 지금 이 책을 읽고 있는 여러분의 스마트폰에 깔린 쇼핑 앱만 해도 아마 4~5개 이상일 것이다.

하지만 2019년의 전체 이커머스 거래액인 약 100조 원 중 절반은

▎국내에서 이베이코리아의 지마켓과 옥션이 대표 이커머스 브랜드에 포함된다.

커녕 3분의 1만큼도 장악한 회사가 없다. 거래액은 유통 플랫폼을 통해 팔려나간 물건의 판매액 전체를 말하는 것이라 회계상의 매출액과는 다르다. 재무제표에는 기록되지 않지만, 유통 플랫폼의 규모를 알수 있는 수치로 많이 인용된다. 2018년 거래액 수치를 살펴보면 이베이코리아가 지마켓과 옥션을 합쳐서 약 15~16조 원가량으로 알려져 있고, 11번가가 약 12조 원, 쿠팡이 약 7~8조 원 정도로 추정된다. 즉 상위 3개 회사를 합쳐도 간신히 전체 시장의 40퍼센트 정도이니, 업계는 그야말로 춘추전국시대라고 할 수 있다.

우리나라의 이커머스는 세계적으로 출현이 늦은 편은 아니다. 미국이나 중국과 같이 우리나라보다 훨씬 넓은 시장에서도 아마존, 알리바바와 같이 이미 시장을 석권한 회사가 있다. 그런데 왜 우리나라는 시장을 압도할 만한 이커머스 회사가 나오지 않는 걸까?

'공인인증서'

이제는 모두가 싫어하게 된 이름이다. 한국에서 전자상거래나 은행 거래를 하려면 반드시 갖고 있어야 하는 암호화 소프트웨어다. 그런데 이 공인인증서가 바로 지금과 같은 이커머스 회사의 춘추전국시대를 만든 것이라면 믿을 수 있을까? 이제 한국에서 왜 공인인증서를 사용하게 되었는지, 이런 번거로운 것이 왜 필요하게 됐는지 찬찬히 거슬러 올라가 생각해보자.

오프라인 유통과 구별되는 이커머스의 가장 큰 특징은 서로 얼굴을 보지 않고 거래한다는 점이다. 용어로는 '비대면거래'라고 한다. 시장에서는 상인과 소비자가 서로 얼굴을 보고 물건을 확인한 뒤 돈을 직접 주고받는다. 이때 돈과 물건의 동시 교환이 일어나고, 만약 판매자가 물건을 속여 팔면 찾아가서 따질 수 있는 근거가 생긴다. 물론 가끔 밤중에 가게를 정리하고 야반도주하는 경우도 있지만, 거래의 가장 기초적인 신뢰가 생기는 근거는 바로 소비자가 상인의 얼굴과 물건을 직접 봤다는 점이다. 가장 위조하기 어려운 상대방의 '얼굴'을 신뢰의 기반으로 삼은 것이 오프라인 상거래였다. 소비자는 물건을 내 눈으로 보고 내 손에 쥘 수 있다는 것을 확인해야 값을 치렀다.

인터넷이 처음 생겼을 때, 사람들이 가장 걱정한 것은 바로 이런 기초적인 문제였다. '내가 주문한 물건이 실제로 있긴 할까? 물건이 진짜 집에 올까?' 등등. 가게 주인의 얼굴도 못 봤고 물건도 못 봤다. 인터넷을 통해 컴퓨터에 떠 있는 사진과 설명만 보았을 뿐이다. 그리고 그 사진은 어디에서 복사한 것인지, 아니면 직접 찍은 것인지조차 알 수 없다. 사기를 당해도 어디로 찾아가야 할지 모른다. 이런 기본적인 신뢰가 없다는 것, 이것이 20세기 말 등장한 이커머스가 극복해야 할 첫 장애물이었다.

이렇게 이커머스가 막 생겨나던 초기에, 우리나라의 공인인증서는 기초적인 문제 중 가장 중요한 한 가지를 해결해주었다.

▍상대방의 '얼굴'을 신뢰의 기반으로 삼은 전통적인 오프라인 상거래

"내 신용카드 번호를 인터넷 판매자가 마음대로 쓰거나 해킹하지 않
아야 함."

사실 우리나라 사람은 일반적으로 신용카드가 해킹당할 수 있다는
생각을 잘 하지 않는다. 이는 우리나라의 아주 특수한 환경 때문이다.
국내에는 잘 알려져 있지 않지만, 미국의 신용카드 부정 사용 비율은
우리나라의 10배가 넘는다.

미국의 한 신용카드 부정 사용 사례를 살펴보자. 2013년 12월, 미
국의 유명한 대형 마트인 타깃Target에서 대규모 해킹 사건이 벌어졌는
데, 필자의 카드도 피해자 명단에 올랐다. 한 번도 가보지 않은 뉴욕의
스테이튼 아일랜드Staten Island에서 내 카드가 결제됐다는 알림이 날아

왔다. 평소에 미국 뉴스를 보지 않으니 미처 카드를 정지시키지도 못했다.

이 사건은 타깃에 기록된 약 4000만 건의 신용카드 정보와 카드 소유자 이름, 유효 기간, CVV 코드가 유출된 사고였다. 조사 결과 타깃에서 물품 구매를 위해 2013년 11월 27일부터 12월 15일 사이에 신용카드를 사용한 고객들의 정보가 도난당한 것으로 밝혀진 엄청난 보안 사고였다. 결국 2017년 타깃이 미국 47개 주와 컬럼비아 특별구에 총 1850만 달러(약 210억 원)의 합의금을 내는 것으로 마무리됐다.[32]

사실 미국의 카드 부정 사용 비율이 매우 높은 것은 아니다. 미국도 0.1퍼센트 정도다(2012년 기준). 하지만 한국의 부정 사용 비율은 그보다 훨씬 낮은 0.01퍼센트 정도다. 그러니 보통 사람들은 신용카드 해킹을 걱정하지 않는다. 만 번에 한 번 꼴로 벌어지는 일을 불안해할 사람은 거의 없을 것이다.

그런데 이렇게 낮은 카드 부정 사용 비율은 사실 공인인증서 덕분이다. 인터넷이 빠르게 퍼진 한국에서는 '규제의 발전'도 다른 어느 나라보다 빨랐다. 신용카드 번호를 이커머스 사이트에 저장하지 못하게 하고, 결제할 때마다 소비자의 컴퓨터에 깔린 프로그램을 통해 본인 여부를 반드시 확인했다. 이것이 공인인증서다. 또 은행거래를 하기 위해서는 당사자가 실제 가진 OTP 카드로 번호를 맞춰봐야 했다. 해커들이 이용자의 바지 주머니까지 털 수는 없는 법이니, 부정 사용이 있을 수가 없다. 0.01퍼센트라는 수치는 아마도 누군가가 잃어버린 카드를 정지시키기 전에, 습득한 사람이 먼저 빠르게 오프라인에서 사용했기 때문은 아닐까.

하지만 미국은 국내와 달리 처음부터 이커머스 사이트가 이용자들이 결제한 신용카드의 번호를 저장했다. 아마존도 그랬다. 앞에서 이야기한 아마존의 '원클릭 결제' 특허도 이전에 저장한 신용카드 번호를 불러와서 바로 결제가 되는 것이다. 그러다 보니 '어느 사이트에서' 신용카드 결제를 하는지가 아주 중요했다. 내 신용카드 번호를 저장할 만큼 믿을 만한 사이트인지, 아니면 해킹을 절대 당하지 않을 정도로 보안을 철저히 관리하는 사이트인지 말이다. 아직도 미국의 몇몇 시골 동네에 있는 주유소는 신용카드로 결제하지 말라고 이야기한다. 신용카드 리더기에 다른 장치를 붙여 카드 번호를 복사하기 때문이다. 그리고 어느 순간 갑자기 내 카드가 저 멀리 있는 텍사스에서 결제됐다는 알림이 올 수 있다는 것이다.

이렇게 이커머스 초기에는 '결제해도 되는 믿을 만한 곳'이 되는 것이 첫 번째 과제였다. 그런데 소비자의 관점에서 '믿을 만하다'는 것은 의외로 단순하다. 소비자가 직접 들어본 브랜드, 대형 브랜드, 주변 사람이 사용하는 브랜드를 기본적으로 신뢰한다. 다시 말하면, 광고를 많이 해서 여기저기에서 눈에 띄고, 빠르게 확산해서 많은 이웃이 사용하는 브랜드가 소비자의 신뢰를 획득하는 데 유리하다. 물론 기초적인 기술과 보안에 돈을 많이 들이는 것은 기본이겠지만, 처음 시작하는 브랜드가 인지도를 높이기 위해 홍보비로 많은 돈을 쓰는 것도 이

때문이다. 어쨌든 이런 신뢰를 쌓기 위해서는 아주 많은 돈이 든다.

　미국 이커머스에서 아마존과 이베이는 돈을 쏟아부어서 이런 신뢰를 쌓았다. 하지만 한국의 이커머스 사이트는 그럴 필요가 없었다. 아무리 돈을 많이 들여 보안이 철저한 사이트를 만들어도 어차피 공인인증서가 있어야 결제할 수 있기 때문이다. 그렇기 때문에 많은 돈을 들이지도 않았다. 결제의 신뢰라는 관점에서, 모든 사이트가 똑같았기 때문이다. 믿을 만한 한두 개의 이커머스 사이트라는 것은 없었다. 작은 규모의 시장을 가진 상인도 간단하게 사이트를 만들어 물건을 팔수 있고 쏠림 현상도 없다. 이런 특징 때문에 한국 이커머스가 초기에 급성장할 수 있었다.

　역설적으로, 한국 이커머스에 다양한 브랜드가 생겨난 데는 공인인증서의 역할이 컸다고 할 수 있다. 하지만 세계적인 기준과 다르다는 (지나치게 보안 수준이 높다는) 문제가 있어서 언젠가는 없어질 것으로 보인다. 그냥 물건 하나 사려고 하는데, 은행거래 수준의 보안이 필요하다고 생각하는 사람은 이제 많지 않기 때문이다. 또 인터넷을 향한 대중의 믿음도 20년 전과는 다르기 때문이다.

미국식 전략이 한국에서
잘 먹히지 않는 이유

다시 돌아와 보자. 한국의 이커머스 회사가 아마존의 뒤를 따를 수 있을까? 초기에 이익을 보지 않고, 무조건 고객부터 확보하고, 이익이 생겨도 쌓아 놓지 않고 다른 분야로 계속 확장하는 것이 아마존이라면, 우리나라의 이커머스 중 한두 곳은 아마존과 같은 길을 갈 수도 있을 것이다. 하지만 아마존은 고객만 확보한 것이 아니다. 아마존은 압도적인 신뢰까지 확보했다.

> 결제가 안전하다, 내 지갑을 털어가지 않는다!
> → 내가 결제한 바로 그 물건을 실제로 받을 수 있다.
> → 물건이 잘못됐을 때 쉽게 환불받을 수 있다.

이같이 아마존은 사람들이 기본적인 '시장'에서 수천 년 동안 쌓아 온 기초적인 신뢰를 온라인에서 가장 먼저 구현했다. 그리고 신뢰를 바탕으로 번 돈은 오직 신뢰를 강화하고 알리는 데 썼다.

소비자는 신뢰가 조금이라도 떨어지는 사이트에 자신의 신용카드 번호를 줄 필요가 없다. 그리고 믿을 만한 사이트의 값도 가장 싸다면, 다른 사이트는 정말 필요 없다. 판매자는 이용자가 조금이라도 더 많이 방문하는 사이트에서 물건을 파는 게 유리하다. 그러니 가장 믿을 만한 사이트로의 쏠림 현상이 생긴다. 그렇지 못한 사이트는 빠르게 도태된다. 인터넷 포털이나 SNS와 같이, 이커머스도 이렇게 원래 네트워크 효과가 강하게 발생한다.

하지만 우리나라의 이커머스에는 이런 쏠림 현상이 없다. 공인인증서가 모두에게 공평하게 준 기본적인 신뢰 효과에, 대기업 계열 이커머스의 강한 자금력까지 합쳐지면서 과점도 아닌 수많은 브랜드 간의 완전 경쟁에 가까운 경쟁이 계속되는 중이다.

'한국의 아마존'이 나오려면 이커머스 하나가 독보적으로 잘되어야겠지만, 그건 나머지가 모두 망해야 한다는 것을 의미한다. 모두가 한국의 아마존을 외치지만 잘 되지 않는 이유는, 아마존이 미국 시장에서 홀로 가진 기본적인 신뢰를 한국 이커머스는 모두 갖고 있기 때문일 것이다.

독점기업은 처음에 혁신적인 아이디어와 기술로 소비자를 사로잡고 신뢰를 쌓는다. 이렇게 쌓인 신뢰와 브랜드는 후발주자가 좀처럼 따라가기 힘든 장벽이 되곤 한다. 그런데 한국 IT 산업에서는 많은 분야에서 후발주자가 선발주자를 빠르게 따라잡았다. 다음과 네이버도 그렇고, 이커머스에서 인터파크와 옥션, 그리고 지마켓과 다른 기업도 그렇다. 시장이 작아서 선두 기업이 규모를 크게 키워 막강한 자본력을 쌓기 어렵다는 점도 있지만, 더 중요한 것은 기본적인 경쟁 조건이 비슷하기 때문이다. 다음 사항 역시 이것과 연결돼 있다.

- IT 인프라가 기본적으로 아주 탄탄해서 소프트웨어의 작은 기술력 차이는 소비자가 잘 느끼지 못한다.
- 시장이 성숙하기도 전에 규제가 먼저 생겨서 소비자에게 어떤 회사가 더 믿을 만한지는 중요한 쟁점이 되지 못한다.
- 특허나 상표는 물론 영업 비밀이나 부정 경쟁 방지 등 독창적으로 시작한 부분에 대한 법적인 보호가 그리 강하지 않다.

우리나라에서 후발 기업이 외부의 자금력으로 작은 시장을 독점한 선발 기업을 뛰어넘는 경우가 자주 보이는 것은, 이런 여러 가지 이유가 섞인 결과이다.

2019년에는 새벽 배송으로 대표되는 신선 식품 부분의 이커머스 시장에서 다시 비슷한 현상이 보인다. 모바일로 주문하는 마지막 상품이 될 것이라고 예상한 채소, 고기와 같은 식품 시장이 예상보다 빨리 열렸다. 2015년 창업한 스타트업인 마켓컬리는 전날 밤까지 주문하면 다음 날 출근하기 전에 배송해주는 '샛별배송'을 들고 나와 도시의 바쁜 젊은 세대로부터 큰 호응을 얻었다. 대규모 자금이 필요한 콜드체인cold chain(생산지에서 최종 소비지까지 저온을 유지함으로써 신선도를 떨어뜨리지 않고 배송하는 저온 유통 시스템) 구축에 필요한 자금은 국내외의 많은 벤처캐피털venture capital과 사모펀드private equity로부터 조달받았다.

그런데 이렇게 마켓컬리가 소비자를 새롭게 눈뜨게 만든 시장에 기존 유통 업체가 본격적으로 진출하고 있다. 원래 콜드체인을 가진 이

▎예상보다 빨리 열린 온라인 신선 식품 시장의 승자는 누가 될 것인가.

마트, 롯데마트 같은 기존 오프라인 유통 업체는 물론 소셜커머스로
출발하여 종합 이커머스로 도약한 쿠팡도 이 시장에 뛰어들었다. 그러
면서 사람들의 관심이 더욱 집중되면서 시장 자체가 커지는 분위기다.
마치 2010년 이후 소셜커머스 회사들이 치열하게 경쟁하면서 소비자
의 관심을 끌고 시장 자체가 기하급수적으로 커졌던 상황과 비슷하다.

　당시는 대기업이나 기존 유통 업체가 시장에 참여하지 않았지만, 이
번 '신선 식품 새벽 배송 대전'에는 이제 막 훈련을 마친 라이트급 선
수인 마켓컬리와 미들급 쿠팡은 물론, 이미 수십 년의 유통 노하우를
가진 헤비급 선수까지 속속 참여하고 있다.

　과연 최후의 승자는 누가 될 것인가. 혁신을 처음 가져온 스타트업
이 이길 것인가, 기다리고 있다가 빠르게 따라잡는 기존 선수가 이길

　　　　　　　　　　　　　　　　　　　　　　초기업의 시대

것인가. 물론 무엇이 옳은지, 무엇이 더 좋은지는 칼로 무 자르듯 분명하게 말할 수는 없다. 하지만 적어도 한국 시장과 한국의 환경은 이렇듯 미국과는 정말 많이 다르다.

7장

한국에서 반복된
독점기업의 움직임

MONOPOLY

그들은
어떻게
독점시장을
만드는가

퀄컴만의
로열티 계산법

2019년 5월 21일. 미국의 거대 기업 퀄컴Qualcomm에게 악몽과 같은 판결이 선고됐다. 캘리포니아주 새너제이 연방지방법원은 연방거래위원회가 지난 2017년 1월 퀄컴을 반독점법 위반으로 제소한 사건에서 퀄컴의 패소를 알렸다. "퀄컴의 라이선스 방식이 모뎀칩 시장의 주요 부분에서 경쟁을 질식시키고, 경쟁 업체는 물론 최종 소비자에게 피해를 주었다"라는 이유였다. 과연 무엇이 문제였을까?

사실 미국의 이 판결은 2016년 12월 우리나라의 공정거래위원회가 퀄컴에 1조 원이 넘는 과징금을 부과한 사건과 연장선상에 놓여 있다. 한국과 미국을 넘나들며 세기의 재판에 이름을 올린 퀄컴은 모두가 갖

▎휴대폰 모뎀칩 기술을 개발한 퀄컴도 반독점법에 이름을 올렸다.

고 있지만 잘 모르는 스마트폰 속의 가장 중요한 부품, 모뎀칩에 대한 원천 기술을 보유한 세계적 기업이다. 하지만 퀄컴도 30년 전에는 하루하루 매출을 걱정하던 작은 스타트업에 불과했다.

퀄컴이 우리나라의 한국전자통신연구원ETRI과 양해각서(정식 계약을 맺기 전 합의할 내용을 정리한 문서)를 체결한 것은 1990년으로, 스마트폰도 아닌 일반 휴대폰도 상용화되기 전이다.

당시 이동통신은 유럽에서 개발한 이동통신 글로벌 시스템GSM : Global System for Mobile Communication 방식이 표준이었다. 다른 표준을 고민하던 한국전자통신연구원이 만난 것이 퀄컴의 코드분할 다중접속CDMA : Code Division Multiple Access(이하 'CDMA') 방식이다. 원래 소규모 네트워크와 군용으로만 사용되던 CDMA 방식은 한국에서 수많은 대중이 이용하는 광역 이동통신 방식으로 다시 태어났다.

1996년, CDMA 방식의 이동통신이 세계 최초로 한국에서 상용화됐고, 그 후 휴대폰(스마트폰이 아니라 요즘은 '피처폰'이라고 부르는 2G 방식의 휴대폰)의 대중화와 함께 퀄컴은 세계적인 이동통신 기술 회사로 대성공을 거두게 된다. 퀄컴의 2018년 매출액은 무려 약 227억 달러(약 26조 원)에 달한다. 물론 엄청난 성공을 거둔 삼성전자의 같은 해 휴대폰 관련 매출액도 약 100조 원(2018년 삼성전자 IM 부문의 매출액)이니, 퀄컴과 한국은 CDMA라는 신기술과 함께 웃었어야 것 같은데, 대체 무슨 일이 있었던 걸까?

퀄컴이 돈 버는 방법을 조금 들여다보면 이해가 된다. 쉽게 비유해보면, 특제 소스를 만드는 Q라는 유명한 비빔냉면 가게가 있다고 해보자. 매콤하고 새콤달콤한 맛의 특제 소스 덕분에 언제나 손님이 많지만, 비법을 다른 가게에 알려주기는 싫어서 원래 운영하는 가게 한 곳에서만 비빔냉면을 팔고 있다. 하지만 비법을 좀 알려달라는 다른 가게의 요청이 너무 많다. 돈을 받고 소스 만드는 법을 팔 수도 있지만, 그렇게 하면 경쟁이 너무 치열해질 것 같아 비법을 알려주는 대신 이렇게 하기로 했다.

- 특제 소스 완성품만 각각 봉지에 넣어 개당 500원에 판다.
- 이 소스를 이용한 비빔냉면을 한 그릇 팔 때마다 냉면 값의 5퍼센트를 로열티로 받는다.

• 이 소스를 쓸 때 다른 비빔냉면 소스는 쓰면 안 된다.

그러니까 소스 값 500원 외에도 만약 냉면 값이 8,000원이면 로열티 400원도 추가로 내야 하고, 다른 소스도 쓰지 않겠다고 약속해야 한다. 부당한 것 같기도 하고, 이 정도는 감당할 수 있을 것 같기도 하다. 마음에 들지 않으면 특제 소스를 쓰는 대신 열심히 다른 소스를 개발하면 된다.

사실 한국공정거래위원회와 미국연방지방법원이 문제 삼은 '퀄컴의 라이선스 방식'이란 이 비유와 크게 다르지 않다. 이게 불법인지 아닌지 좀 애매하다. 그런데 왜 퀄컴의 라이선스 방식이 한국에서는 1조 원이 넘는 과징금을 부과받고, 미국 법원에서도 반독점법 위반이라는 판결을 받은 것일까?

가장 중요한 문제는 비빔냉면 업계에서 Q의 특제 소스가 표준이라는 사실이다. 굳이 비유를 이어간다면, 이 소스를 쓰지 않으면 비빔냉면이라고 인정받지 못한다고나 할까. 정확히는 이동통신 업계에서 퀄컴이 사실상 특허를 독점한 CDMA 방식이 이동통신의 표준이었기 때문이다. 이렇게 표준이 된 기술은 사실상 공공재와 같아서 이 기술을 사용하고 싶은 사람에게 공정하고 합리적이며 차별 없이(이것을 'FRAND' 원칙이라고 부른다. 'Fair', 'Reasonable', 'And Non-Discriminatory'의 약자다) 사용할 수 있도록 허락해야 한다는 약속이 있다. 어떤 제품의 표준 기술이 되면, 그 제품을 만들어 파는 다른 회사는 그 기술을

초기업의 시대

반드시 쓸 수밖에 없기 때문이다.

앞에서 독점기업의 사업 모델이 반독점법 위반인지 아닌지, 부당한지 아닌지를 판단하기 위해 쉽게 떠올릴 수 있는 '울며 겨자 먹기' 기준을 말했다. CDMA 방식을 이용해서 통신망을 구축하고 휴대폰을 만들어 파는 회사는 퀄컴의 특허를 이용해야 한다. 그런데 이들이 모뎀칩을 살 때 휴대폰 전체 가격에 대한 특허 로열티를 내라는 퀄컴의 구매 조건을 '울며 겨자 먹기'로 받아들인 것인지, 아니면 여러 다른 조건을 놓고 합리적으로 판단하여 수용한 것인지가 한국과 미국 양쪽 모두 중요한 쟁점이 되었다. 결국 미국 법원은 거래 상대방인 삼성전자와 애플 등의 휴대폰 제조사가 '울며 겨자 먹기'로 퀄컴의 라이선스 조건을 받아들인 것으로 봤다.

이러한 퀄컴의 라이선스 방식이 미국의 반독점법과 한국의 공정거래법을 위반한 것인지 최종적으로 판단되기까지는 꽤 시간이 걸릴 것이다. 미국에서는 퀄컴이 항소를 준비하고 있고, 항소심 판결이 나와도 대법원 판결까지는 또 몇 년이 걸린다. 한국에서도 마찬가지다. 공정거래위원회의 과징금 처분에 대한 고등법원의 판결(공정거래위원회의 행정처분에 대한 재판은 1심이 지방법원이 아니라 서울고등법원이다. 공정거래위원회가 사실상 1심 법원의 역할도 하는 것으로 보는 것이다), 그리고 대법원 판결이 나야 비로소 퀄컴이 라이선스 방식을 바꿔야 하는지에 대한 최종 결정이 나온다. 그 기간은 10년이 걸릴지도 모른다.

2009년 퀄컴이 한 다른 행위(자사의 모뎀칩 사용 여부에 따라 기술에 대한 로열티를 차별 부과한 라이선스 방식)에 대해 우리나라의 공정거래위원회에서 약 2700억 원의 과징금을 부과한 사건에 대법원의 최종 판결이 나온 것이 2019년이다. 이번 사건은 범위도 더 넓고 규모도 더 크기 때문에 오래 기다려야 할 듯하다.

이 기간 동안 퀄컴은 아마도 계속 '냉면 전체를 놓고 소스 비법에 대한 로열티를 받는' 현재의 라이선스 방식을 계속할 것이다. 그리고 기술은 재판보다 훨씬 더 빨리 발전할 것이다. 2G 시절의 기술에 대한 재판이 결국 5G가 시작되는 시대에 끝났다. 3G와 LTE에 대한 재판이 끝날 즈음에는, 우리가 어떤 모바일 기술을 이용하고 있을까? 과거 마이크로소프트가 넷스케이프에 대응했던 정책에 관한 반독점 재판이 계속되던 동안, 마이크로소프트는 인터넷 익스플로러를 계속 윈도에 끼워 팔았고, 결국 웹브라우저 시장에 대한 독점을 완성하고 다음 세대의 기술로 나아갔다. 이렇듯 퀄컴은 재판 결과와 관계없이 독점 기술에 대한 로열티를 기반으로 새로운 시장에 한발 먼저 진입하는 기회를 갖게 될 것이다.

대법원이 6년을 고민한
포스코와 현대자동차의 철판 전쟁

우리나라 대법원이 퀄컴 같은 외국 회사의 반독점 사건만 몇 년 동안 고민한 것은 아니다. 법원이 분쟁과 갈등이 치열하게 부딪히는 전쟁터라면, 대법원은 그 끝판왕이다. 대법원의 재판정은 가장 조용하지만, 가장 긴장되는 마지막 재판의 결과를 기다리는 곳이다. 판결 선고 날이 정해지면, 모두가 자신의 사건 결과를 메모하기 위해 펜을 들고 모여들어 판결의 요지만 적고 돌아가는 곳이 대법원의 재판정이다(사실관계를 판단하는 1심, 2심과 달리 법적인 논리만 판단하는 대법원 재판은 구두 변론이 거의 없다).

지난 2007년 11월 대법원이 판결한 현대차(정확히는 현대차의 계열사인 현대하이스코의 신고에 따른 공정거래위원회)와 포스코 사이의 공정거래법 위반 사건의 일련번호는 2002두8626이다. 2002년에 대법원에 접수된 사건이라는 뜻이다. 거의 6년 동안의 고민 끝에 나온 판결이었다. 모두가 알고 있는 것과 같이 포스코는 철판을 만드는 회사이고, 현대차는 철판으로 자동차를 만드는 회사다. 우리나라는 물론 세계적으로 철판과 자동차를 만들어 파는 두 회사 사이에 어떤 일이 있었던 걸까?

철판을 종이라고 생각해보자. 펄프를 이용해서 만든 종이는 여러 용도로 쓰인다. 색을 입히면 색종이가 되고, 코팅하면 잡지나 달력에 쓰이는 아트지가 된다. 신문지는 별다른 가공을 하지 않은 것으로 생각하기 쉽지만, 고속으로 돌아가는 윤전기에서 견디도록 질기게 처리된 종이다. 이렇게 종이의 용도는 다양하므로 제지 회사에서 모든 종류를 다 만들 수는 없고, 기초적인 종이 제품만 만들어서 용도별로 가공하기 위해 다른 회사로 파는 것이 보통이다.

이때 가장 기초가 되는 종이가 철판에서는 '열연코일강판hot rolled steel sheet'이다. 용광로에서 나온 선철을 녹여 탄소 성분을 뺀 다음 이를 가공해 만드는 제품을 총칭하여 열연 제품이라고 한다. 이 중 열간압연기에 의해 생산된 코일 상태의 열연 강대를 열연코일이라고 한다. 쉽게 설명하면, 쇳물을 굳혀 만든 두꺼운 철판 덩어리를 수백 도 이상으로 뜨겁게 달궈 말랑말랑하게 만든 후 얇게 펴서 물로 식힌 다음 두루마리 휴지처럼 말아둔 것을 말한다. 이것이 가전이나 자동차에 쓰이는 철판의 원재료다.

자동차 생산에 쓰이는 철판은 이것보다 조금 더 고급 사양이다. 일반 소비자가 좋아하는 자동차의 표면은 건설기계나 배보다 훨씬 매끈하고 깨끗해야 하고, 튼튼하면서도 얇아야 하기 때문이다. 그래서 이 열연강판을 다시 풀어서 표면을 깨끗하게 정리하고, 뜨겁지 않은 상태에서 다시 얇게 여러 번 눌러준다. 그러면 푸석푸석한 밀가루 반죽도 계속 치대면 쫄깃쫄깃해지듯이, 철판도 얇고 연하면서 강하고, 표면도 깨끗한 상태가 된다. 이것을 냉연강판cold rolled steel sheet이라고 한다.

2001년 당시 포스코는 열연강판과 냉연강판을 모두 생산하고 있었고, 현대차는 냉연강판을 포스코로부터 공급받아 자동차를 만들었다. 그러다가 계열사인 현대하이스코를 통해 냉연강판을 직접 만들기로 결정하고 부득이하게 포스코에게 열연강판을 공급해달라고 요청했다. 당시 포스코는 우리나라에서 유일하게 열연강판을 생산하는 회사였기 때문이다.

초기업의 시대

▍국내에서 유일하게 열연강판을 생산하던 포스코

하지만 포스코 입장에서는 굉장히 탐탁지 않은 요청이었다. 마치 밀가루와 국수를 같이 팔다가, 근처에 새로 문을 연 국수 가게가 밀가루를 공급해달라고 하는 것과 같은 상황이 된 것이다. 결국 포스코는 현대하이스코의 요청을 거절했다.

그러자 현대하이스코는 이런 공급 거절이 공정거래법을 위반한 것이라고 주장하면서 공정거래위원회에 포스코를 신고했다. 물론 냉연강판 생산 자체를 포기한 것은 아니고, 멀리 일본에서 열연강판을 수입해서 냉연강판을 만들기 시작했다.

이 같은 일은 실제로 자주 발생한다. 특히 통신 시장에서 자주 볼 수 있다. 예를 들어 알뜰폰은 기지국이나 통신망을 갖고 있지 않지만 SK텔레콤이나 KT 같은 회사로부터 통신망을 빌려서 서비스한다. 그런데 통신망을 가진 회사가 알뜰폰 회사에게 더는 통신망을 빌려주지 않겠다고 하면 어떨까? 실제 비슷한 사건이 우리나라와 미국에서 일어나기도 했다.

포스코가 현대하이스코에게 냉연강판의 원재료인 열연강판 공급을 거절한 이 사건에 공정거래위원회에서는 과징금을 부과했다. 그리고 서울고등법원 역시 공정거래법 위반이라는 판단을 내린 후, 마지막으로 대법원의 저울대에 올랐다. 1~2년 만에 나올 것 같던 대법원 판결은 해가 지나도록 나오지 않았고, 업계와 학계에서는 치열한 장외 논쟁이 계속됐다. 포스코와 현대차 모두 심혈을 기울였다.

결국 6년 만에 나온 대법원 판결에서 대법관들의 의견은 일치되지 않았고, 다수 의견의 취지는 다음과 같았다.[33]

> "냉연강판의 신규 경쟁자에게 열연강판을 공급하지 않은 것이 독점력(시장 지배적 지위) 남용은 아니다."

열연강판의 유일한 국내 생산자인 포스코의 거래 거절로 현대하이스코가 사업상 어려움을 겪은 것은 맞다. 하지만 이런 독점 사업자의 결정에 법이 개입할 수는 없다는 판단이었다. 가장 중요한 이유는 국내 냉연강판 시장을 전체적으로 볼 때, 경쟁이 방해받는 결과가 생겼다고 보기는 어렵다는 것이었다. 실제로 현대하이스코는 일본 회사에서 열연강판을 수입해서 냉연강판을 만들었는데, 이런 사실도 중요하게 고려됐다. 즉 포스코는 열연강판의 독점 사업자이지만 열연강판을 누구에게 팔 것인지에 대해서는 자유롭게 결정할 수 있다는 의미다.

새로 냉연강판 시장에 진입한 유력한 경쟁자에게 팔지 않기로 한 결정이 무조건 '부당하다'고 할 수는 없었다. 법이 포스코의 손을 들어준 이 사건은 이후 중요한 선례로 남았다. 한쪽에서는 독점 사업자를 너무 자유롭게 놓아둔 판결이라고 비판했고, 다른 한쪽에서는 시장경제를 잘 이해한 적절한 판결이라고 두둔했다. 어쨌든 대법관 13명도 10 대 3으로 나뉜 사건이니, 논란이 없을 수는 없다.

그런데 한 걸음만 떨어져 보면 이 사건을 조금 다른 시각으로 해석할 수 있다. 현대하이스코가 포스코로부터 열연강판을 구매해서 냉연강판을 만들려고 했던 이유는 현대차의 수직계열화 전략vertical integration의 일환이다. 자동차를 만드는 데 필요한 철판과 부품을 다른 회사에서 구입해 조립만 하는 것이 아니라, 철판도 직접 만들고 부품도 만들어서 운반까지 하는 것, 즉 처음부터 끝까지 모든 과정을 직접 하는 것을 '수직계열화'라고 한다. 그리고 현대차는 2001년 당시는 물론, 2019년 기준으로도 국내 자동차 시장의 70퍼센트 정도를 차지하는 사실상의 독점기업이다.[34]

그러므로 이 사건은 단순히 독점 사업자가 다른 작은 사업자에게 공급을 거절한 것이 아니라, 철강 시장의 독점 사업자와 자동차 시장의 독점 사업자가 부딪힌 사건으로 보아야 한다. 포스코가 현대차에게 열연강판을 공급하지 않았지만, 현대차를 제외한 다른 냉연강판 사업자에게 미치는 영향은 없다. 그리고 결국 현대차는 계열사인 현대제철의 열연강판 생산 설비까지 대폭 증설하여 수직계열화를 완성했다. 가장 큰 고객이자, 자동차라는 다른 거대한 시장에서 독점의 힘을 가진 현대차가 경쟁자로 바뀌는 시점에서, 포스코가 해당 경쟁자에게 도움이 되는 거래를 계속해야 한다고 볼 수 있을까? 대법원이 한 6년의 고민은 어쩌면 시장에서 어떤 결과가 나오는지 보고 싶었기에 이토록 오래 걸렸는지도 모른다.

신라면과 진라면 가격은
왜 똑같이 올랐을까

우리나라 회사 간의 사건에 대해서 국내 법원과 미국 법원이 모두 고민했던 사례도 있다. 한국인이 가장 좋아하는 간식이자 식사인 라면에 관한 이야기다.

라면 시장은 삼양, 농심, 오뚜기와 팔도(예전의 한국야쿠르트 라면 사업부), 주로 이 4개 회사가 경쟁하고 있다. 1990년대 이후 신라면을 필두로 한 농심이 시장의 70퍼센트 이상을 차지하는 가운데 우리나라에서 처음으로 라면을 판매한 삼양, 진라면의 오뚜기, 그리고 비빔면의 팔도가 각자 소비자를 끌기 위해 노력하는 중이다.

시작은 일본의 라멘이었지만, 우리나라의 인스턴트 라면은 전혀 다

초기업의 시대

른 새로운 음식으로 탄생했다. 가장 큰 특징은 역시 한국인이 좋아하는 '매운맛'이고, 이런 매운 국물 라면으로 분류할 수 있는 것이 대표적으로 농심의 신라면, 오뚜기의 진라면, 삼양의 삼양라면이다.

그런데 2012년, 공정거래위원회는 2001년부터 2010년까지 무려 10년 동안 이들 4개 회사가 가격을 담합했다고 발표하고 1000억 원이 넘는 과징금을 부과했다. 많은 사람이 놀랐고, 서민 음식인 라면의 가격을 담합했다는 사실에 분노했다. 가만 보니, 신라면 가격이 500원을 넘었다고 언론에서 떠들썩했을 때 진라면과 삼양라면도 비슷한 시기에 500원 이상 올렸고, 2010년 매운맛 라면의 소비자 판매가는 약속이나 한 듯 똑같이 750원이 됐다. 라면 업계는 소비자들의 뭇매를 맞았다.

▌라면을 놓고 우리나라 법원과 미국 법원이 모두 고민한 적이 있다.

게다가 1년 후에는 미국에서 집단소송까지 제기됐다. 한국의 라면이 미국에서도 많이 팔리고 있었기 때문이다. 미국에서는 담합 사건이 있으면 거의 무조건 따라오는 것이 소비자 집단소송이다. 손해배상 청구액만 약 2억 2000만 달러(약 2500억 원)였고, 미국 집단소송법상 '3배 배상(불법행위를 저지른 사람에 대한 징벌의 의미로 손해액의 3배까지 배상하도록 하는 미국 집단소송법상의 제도)'이 인정된다면 배상액이 훨씬 커질 수 있는 사건이었다.

2001년에는 신라면, 진라면, 삼양라면의 소비자 판매 가격이 480원이었다. 그러다가 2002년에는 520원, 2004년 초에는 550원이 되었고, 2005년 초에는 600원으로 올랐다. 그리고 2007년에는 650원, 2008년 2월에 신라면을 시작으로 3월 삼양라면, 4월에는 진라면의 가격이 모두 750원이 되었다. 누구나 의심할 만하긴 했다. 어떻게 10원 단위까지 똑같이 오르고, 오른 시기도 비슷할 수 있을까? 이것이 담합이 아니라면, 정말 우연의 일치라는 말일까?

하지만 잠깐 앞에서 살펴본 미국의 담배 시장, 필립 모리스의 '말보로의 금요일' 사건을 기억해보자. 담배 시장의 압도적인 1위 회사 필립 모리스를 선두로 1995년부터 2001년까지 담배 가격이 계속 올랐던 이 사건과 우리나라의 라면 시장은 참 많이 닮았다. 강력한 1위 회사를 중심으로 한 4개 회사가 대부분을 차지하는 시장의 구조나 1위 회사가 먼저 가격을 올리면 나머지 3개 회사가 따르는 가격 인상 방식은 역사적으로 아주 비슷했다.

과연 라면 회사의 가격 인상은 '의식적 병행행위'였을까, 아니면 '담합'이었을까? 서로 눈이라도 찡긋하고 가격을 순서대로 올린 것일까, 아니면 전략적 행동에 따른 결과, 즉 순전한 눈치싸움을 하면서 신라면 가격이 오르는 것을 보고 나머지 3개 회사도 따라서 가격을 올리기로 독자적으로 결정한 것일까?

서울고등법원은 1년 반 정도의 재판 후 2013년 11월, '담합이 맞다'는 결론을 내렸다. 눈치싸움도, 눈 찡긋 정도도 아니라, 라면 회사들이 가격을 함께 올리기로 분명히 합의했다는 판단이었다. 사건은 대법원으로 갔고, 미국에서 제기된 집단소송도 본격적으로 진행되기 시작했다. 1000억 원이 넘는 공정거래위원회의 과징금은 물론, 미국 집단소송에 따른 훨씬 더 많은 손해배상금의 운명이 좌우되는 판단이 시작된 것이다. 대법원에서 사건이 계속된 지 2년이 지나고, 3년째로 접어들 것만 같던 2015년 12월 말, 예상보다 빨리 나온 대법원 판결은 공정거래위원회의 패소를 알렸다.[35] 과징금은 전부 취소됐다. 충격이 일파만파로 퍼졌다. 공정거래위원회가 과징금 취소로 물어줘야 할 4년 동안의 이자만 무려 156억 원이었다.

하지만 대법원이 사실관계에 대해서 공정거래위원회나 서울고등법원과 다르게 본 것은 아니었다. 사실, 대법원은 법적 논리에 의한 판단만 할 수 있고 사실관계를 다르게 볼 수도 없다. 다만 같은 사실관계를 다르게 해석했다. '종이 한 장 차이'라는 말이 있는데, 이 판결에 딱 들어맞는 표현이다. 라면 회사가 가격에 관한 정보를 서로 교환했고, 4개 회사 사이에 어떤 모임이 있기도 했지만, 가격을 같이 인상하자고 '합의'했다고 본 서울고등법원과 달리 대법원은 그렇게 보기는 어렵다고 판단한 것이다.

어떤 행동의 의미나 그런 행동을 인정하기 위한 증거의 정확성은 결과의 정도에 따라 달라질 수 있다. 예를 들면 같은 말과 행동이 있었다고 해도, 그것이 저녁 식사 약속을 의미하는 것이라고 이해될 수는 있어도 매년 함께 가격을 올리자는 약속을 의미하는 것이라고 해석되지는 않을 수도 있는 것이다. 대법원은 이렇게 미세한 차이를 두고 라면 회사의 손을 들어 주었다. 그리고 이 미세한 시각의 차이는 마치 카오스 이론에서 말하는 나비의 날갯짓처럼, 1000억 원이 넘는 과징금의 향방을 가르고, 결국 3년 뒤 미국 법원의 집단소송에서 수천억 원의 손해배상금이 지불되지 않게 했다.

대법원 판결 이후 4년이 지난 2019년, 라면 시장은 꽤 재미있게 바뀌어 가고 있다. 신라면은 계속 조금씩 가격을 올린 반면에, 진라면은 더 이상 따라가지 않고 2008년의 판매 가격인 750원을 11년째 고수하면서 시장 점유율을 조금씩 늘려갔다. 그리고 결국 신라면을 따라잡았다.[36] 대형마트에서 파는 다섯 개 묶음의 가격은 더욱 차이가 나서 신라면은 개당 670원이 넘지만, 진라면은 550원 정도다.

라면의 종류와 가격은 다양해지고 경쟁은 더욱 치열해지고 있다. 대법원 판결은 담합이 아니라고 나왔지만, 어쨌든 이런 경쟁은 시장을 흔든 공정거래위원회 결정의 영향이라고 할 수 있을까? 우리의 세금으로 낸 과징금 환급 이자 156억 원 정도의 가치는 있었다고 할 수 있을까?

통신 대기업이
문자 메시지로 돈 버는 법

통신 분야는 어쩔 수 없이 독과점이 되는 시장이다. 전국에 통신망을 깔아야 하고, 기지국을 세우는 데 어마어마한 비용이 들기 때문이다. 통신은 네트워크, 즉 '망'이기 때문에 일부만 연결되면 효용이 없다. 이용자 대부분이 연결되어야 비로소 하나의 통신망으로 기능을 발휘한다. 그런데 수많은 경쟁자가 똑같이 비용을 들여서 망을 구축하면 너무 비효율적이다. 한 개 또는 두세 개 회사가 초기 투자를 하고 나머지는 그것을 빌려 쓰는 것이 자원 낭비를 막는 방법이다. 어떤 나라에서는 정부가 그런 역할을 하기도 하고, 우리나라도 예전에는 그랬다.

이렇게 통신망을 깔고 직접 소유하면서 서비스를 하는 회사를 '기간통신 사업자'라고 한다. 대표적으로 KT나 SKT 같은 회사들이다. 어느 나라나 기간통신 사업자는 독과점의 형태를 보인다. 우리는 기간통신 사업자가 돈을 들여 깔아 놓은 통신망을 이용해 전화하고 문자나 그림을 데이터 형태로 주고받으며, 위치 정보도 파악할 수 있다.

사실 통신망을 이용해서 할 수 있는 일은 훨씬 다양하다. 이렇게 통신망으로 할 수 있는 서비스는 기간통신 사업자 모두가 하는 것은 아니다. 마치 정부나 지방자치단체가 도로는 깔되, 버스나 택시 사업까지 직접 하지 않는 것과 같다. 통신망을 통해 이루어지는 많은 서비스는 기간통신 사업자가 아닌 다른 회사가 통신망을 '빌려서' 한다. 이런 회사를 보고 '부가통신 사업자'라고 한다.

알림 문자 메시지, 그러니까 신용카드 결제나 은행 입출금 내역, 또는 인터넷 쇼핑몰에서 주문하거나 배송 안내를 받을 때 휴대폰으로 받는 문자 메시지 서비스가 대표적인 부가통신 사업 중 하나다. 언제부터인가 우리 생활에 없으면 어색할 정도로 대부분이 이용하는 부가통신 서비스인데, 이것을 '기업 메시징 서비스'라고 부른다. 가입자 개인들끼리 C2C : Customer to Customer 문자를 보내는 것이 아니라 기업이 가입자에게 문자를 보낸다는 의미다. 예를 들면 신용카드 가맹점에서 결제가 되면, 신용카드 회사로 결제 정보가 전송되면서 승인이 된다. 그

▌통신은 네트워크, 즉 '망'이기 때문에 일부만 연결되면 소용이 없다.

초기업의 시대

▮ 기간통신 사업자인 KT

리고 신용카드 회사에 미리 알려둔 나의 휴대폰 번호와 통신사 가입 정보가 일치하면, 결제 정보를 기간통신 사업자의 통신망을 통해 거의 실시간으로 문자 메시지의 형태로 전송하는 것이다.

이런 형태의 알림 서비스는 사실 2G 피처폰 시절부터 있었다. 그런데 문자 메시지 저장 공간도 넉넉지 않고 요금도 비쌌기 때문에 사람들이 별로 사용하지 않아 시장이 크지 않았다. 작은 시장에서 중소기업이 기간통신 사업자로부터 통신망을 빌려서 서비스를 하는 수준이었다. 그런데 스마트폰이 대중화되고 LTE 시대가 되면서 단순한 알림이 아닌 장문 메시지LMS나 멀티미디어 메시지MMS와 같이 다양한 문자 메시지를 보낼 수 있게 됐다. 그러면서 훨씬 많은 회사가 기업 메시

징 서비스를 이용하게 됐고, 2012년 이후에는 시장 규모가 연간 수천
억 원 수준으로 커졌다.

그러자 거대 기간통신 사업자가 이 시장에 뛰어들기 시작했다. 고속
도로를 깔아 놓고 통행료만 받던 국가나 지방자치단체가 직접 고속버
스 사업을 시작한 것과 비슷한 상황이 된 것이다. 사실 이런 일은 자주
일어나며 막을 수는 없다. 앞에서 살펴본 철강 사례에서 이야기했듯,
원재료인 열연강판을 만드는 포스코가 응용 제품인 냉연강판도 만들
어 파는 데 문제는 없다. 그런데 가격이 좀 이상했다.

기업 메시징 서비스의 요금 체계는 다소 복잡하다. 하지만 간단히
보면, 기간통신 사업자는 그동안 중소기업에게 문자 메시지 한 건당
9원을 받고 통신망을 빌려준다. 그리고 중소기업은 10원 정도에 소비
자인 기업에게 메시징 서비스를 팔고 있었다. 그런데 기간통신 사업자
가 직접, 소비자에게 팔기 시작한 가격이 '8원'이었다. 경쟁자인 대기
업은 한 건당 8원에 파는데, 중소기업은 통신망을 빌리는 가격인 9원
이하로 팔기는 어려웠다. 예를 들어, 작은 음식점이 9,000원을 주고
공장에서 면을 사와서 만 원에 짜장면을 만들어 팔고 있다. 그런데 유
일하게 면 공장을 운영하는 회사가 바로 옆에서 8,000원에 짜장면을
파는 큰 프랜차이즈를 시작한 것과 비슷한 상황이다. 이름값도 대기업
이 더 좋은데 가격까지 저렴하니, 은행이나 신용카드 회사 같은 기업
메시징 서비스의 소비자는 누구를 선택했을까?

당연히 중소기업은 금방 손님을 빼앗겼다. 10개가 넘던 중소기업

중 3개만 남았고, 기업 메시징 서비스 시장은 KT 등 통신 대기업이 순식간에 장악했다. 수천억 원으로 커진 시장은 대기업 위주로 재편됐다. 동네에 대형마트가 들어와서 골목상권이 죽는 것과 같은 상황이 된 것이다.

중소기업은 원재료인 통신망 이용료를 낮춰 달라고 요구했지만, 속수무책인 상황이 이어지자 그들은 공정거래위원회에 신고했다. 그리고 2015년에 공정거래위원회가 KT와 LG유플러스가 공정거래법을 위반했다는 점을 인정하여 과징금을 부과했다. '시장 지배력을 남용했다'는 이유였다. 한쪽에서는 중소기업이 경쟁할 수 없을 정도로 비싸게 통신망 사용료를 책정하면서, 다른 쪽에서는 훨씬 싸게 기업 메시징 서비스를 판 행위의 주체자가 통신망의 독과점 사업자이기 때문에 불공정한 거래라는 의미였다.

그런데 2018년 1월, 서울고등법원은 이러한 공정거래위원회의 판단이 잘못되었다고 보고 과징금을 취소했다.[37] 다시 사건은 원점으로 돌아갔다.

무엇이 문제일까? 통신망을 보유한 기간통신 사업자가 독과점 기업인 것은 변함이 없고, 얼마에 통신망을 빌려주었는지, 그리고 얼마에 소비자인 기업에게 기업 메시징 서비스를 팔았는지 같은 사실관계는 달라질 일이 없다. 문제는 통신 서비스의 비용 산정이 복잡하고 어렵다는 점이었다. 미국이나 우리나라 모두 독점기업이 가격을 올리는 것은 원칙적으로 문제가 된다. 하지만 가격을 낮추는 것이 문제가 되려

▌통신 대기업은 중소기업의 결제 알림 메시지 고객까지 빼앗으려 했다.

면 '몇 가지 조건'이 필요하다. 가격을 낮추는 것은 기본적으로 소비자에게는 '좋은 일'이기 때문이다.

독점기업이 가격을 너무 낮게 책정해서 경쟁자를 몰아내고, 그다음에 다시 가격을 올려서 소비자에게 피해를 줄 것이 우려되는 경우에는 문제가 된다. 그런데 이때 너무 낮은 가격이란, 기본적으로 '비용보다 낮은 가격'을 의미한다. 즉 출혈 경쟁을 말하는 것이다. 이익을 남기면서 팔 수 있다면 다른 경쟁자도 그렇게 할 수 있기 때문에, 어느 하나가 퇴출될 수밖에 없는 '너무 낮은 가격'이라고 보지 않는 것이다. 그런데 통신 서비스는 무엇이 비용인지 계산하기 너무 어렵다.

무선통신 서비스를 위해 처음 망을 구축하고 기지국을 건설하는 비용은 막대하다. 하지만 운영하는 비용은 상대적으로 매우 낮다. 어디

초기업의 시대

까지 문자 메시지 한 건에 대한 비용으로 넣어야 하는지 정하기가 매우 어렵다. 통신 설비가 매년 낡아가는 것을 어떻게 비용에 반영할 것인지, 회계적인 기준과 실제 현실이 반드시 일치하지도 않는다. 감가상각(기계는 일반적으로 쓸 수 있는 시간, 즉 수명이 정해져 있으므로 이에 따른 가치의 감소분을 비용으로 처리하는 것) 기간이 모두 지난 설비라도 여전히 잘 돌아가는 경우도 많고, 또 건물과 기계를 똑같이 보기도 어렵다.

간단히 보아도 이런 여러 요소가 복잡하게 얽혀 있다. 게다가 똑같은 통신망을 기업 메시징 서비스에만 이용하는 것이 아니라 수많은 음성 데이터 통신을 위해 사용하고 있다. 또한 모든 통신망을 한 회사가 소유하지 않고 서로 통신망을 빌려 쓰고 있는 것까지, 기업 메시징 서비스에서 대기업이 '비용보다 낮은 가격'으로 서비스를 팔았는지 증명하기 너무 어려웠다. 그리고 그런 정보는 거의 대기업 내부에 있어 외부에서는 제대로 알 수가 없다. 그래도 기업에게 과징금을 부과하기 위해서는 공정거래위원회가 이런 요건을 모두 증명해야 한다. 그런데 사건을 담당한 서울고등법원은 공정거래위원회의 증명이 부족하다고 본 것이다. 2019년 기준으로, 이 사건은 대법원에 가 있다.[38]

사실 10년 전 미국에서도 아주 비슷한 사건이 있었다. 통신망을 갖고 있던 AT&T가 인터넷 서비스를 하는 중소기업에게 통신망을 빌려주는 가격은 비싸게 받으면서 일반 소비자들의 인터넷 서비스 가격은 싸게 책정했다. 중소기업이 경쟁하려면 거의 이윤을 내지 못할 가격이었다. 이것을 '가격 압착price squeeze'이라고 한다. 도매와 소매에 모두 파는 대기업이 두 가격의 차이를 아주 적게 하여 소매만 파는 중소기업을 눌러 죽인다는 의미다.

법정 공방은 치열했다. 1심에서는 AT&T가 승소했지만, 2심인 연방항소법원은 AT&T의 이런 가격 정책이 반독점법 위반이라고 보았다. 그리고 대법원에서 치열한 공방이 있었다. 연방법무부와 학계는 대기업의 손을, 우리나라의 공정거래위원회와 역할이 비슷한 연방거래위원회는 중소기업의 손을 들어 주었다. 대기업의 손을 들었던 것도 그들이 잘했다는 의미는 아니고, 가격을 내릴수록 소비자는 좋기 때문이라는 논리였다. 결국 소비자냐, 중소기업이냐의 싸움이었다.

2009년 판결에서 연방대법원은 이러한 AT&T의 행위, 즉 중소기업이 힘들 정도로 차이가 없는 도매와 소매 가격을 정한 대기업의 정책이 미국 반독점법을 위반한 것은 아니라고 판결했다.[39]

우리나라의 대법원은 통신 대기업에게 어떤 판결을 할까? 어떤 판

❙미국의 통신 기업인 AT&T

초기업의 시대

결이 나오더라도, 인터넷 익스플로러와 넷스케이프 내비게이터 때처럼 대법원의 판결이 대기업이 장악한 시장을 바꾸거나 과거로 되돌리기는 어려울 것이다. 하지만 적어도 우리 시대의 정신과 방향이 어떤 것인지를 알려줄 수는 있는 판결이 될 것이다.

천만 관객의
비밀

독점기업은 대부분 혁신 기업이다. 적어도 처음에는 그렇다. 기술이나 경영에서 최소한의 혁신이 없으면 어떤 시장에서 승자가 되기 어렵기 때문이다. 하지만 어떤 시장에서 1등을 달성한 후 다른 시장에서 뼈를 깎는 혁신을 다시 시도하는 경우는 많지 않다. 성공한 회사의 조직 문화는 이미 안정 추구형으로 바뀌었고, 구성원들 역시 좌충우돌하며 회사를 키우던 초기 멤버가 아니기 때문이다. 이런 상황에서 새로운 시장을 개척하는 데 가장 쉽게 떠오르는 유혹이 바로 기존의 성공을 지렛대로 삼는 일이다. 그중 가장 흔하게 보이는 것이 '수직계열화'라고 불리는 것이다.

물론 단지 인접 시장에 진출하기 위한 목적만으로 수직계열화를 하지는 않는다. 안정직인 소재 생산과 공급, 시장 변화에 대한 빠른 대응 등을 위해 시도하는 경우도 많다. 미국의 마이크로소프트부터 우리나라의 통신 대기업까지, 원래 시장에서 얻은 독점의 힘을 다른 시장으로 옮기면서 법원 판결에 이름을 올리게 된 계기는 이런 수직계열화에서 비롯된 경우가 많다. 자본주의 시장경제가 먼저 발달한 미국의 사례가 수십 년 후 우리나라에서 너무나 비슷하게 반복되는 이유 역시 이런 기업의 본질적 속성과 관련이 있지 않을까?

광복 이후 대한민국 정부가 수립되던, 우리에게는 아주 먼 옛날로 생각되는 이때 미국에서 발생한 독점기업의 사례가 70여 년 후 우리나라에서 반복되기도 한다.

1948년, 미국연방대법원이 충격적인 대형 영화사 매각 판결을 선고한 적이 있다. 이름하여 '파라마운트 판결'이다.[40] 이 판결은 반독점법 역사에 한 획을 그었음은 물론, 할리우드로 대표되는 미국 영화 산업의 판도를 바꾸었다. 그리고 나아가 세계 영화 산업의 발전 방향에도 큰 영향을 미쳤다. 미국에서 수입이 줄어든 할리우드 영화 제작사들이 세계로 진출하는 계기가 됐던 것이다.

영화 산업은 수직적인 특성이 아주 분명하게 드러나는 분야다. 영화를 제작하고, 배급하여, 영화관에서 상영하는 길이 하나뿐이다. 특히 TV나 비디오가 대중화되기 전인 1930년대에는 더욱 그랬다. 이런 상황에서 영화 제작사와 영화관은 보통 치열한 힘 싸움을 한다. 서로가 없으면 사업을 할 수 없는 구도이기 때문이다. 먼저 힘을 합친 것은 영화관이었다. 보통 제작사보다 영세한 경우가 많았고, 인기 영화를 상영하지 못하면 치명적인 피해를 보게 되기 때문에 영화관끼리 연합해서 제작사와 협상했다. 그러자 우리에게도 이름이 익숙한 파라마운트, 워너브라더스Warner Bros. Pictures, Inc., 폭스Twentieth Century-Fox Film Corporation와 같이 자금력이 풍부한 대형 영화 제작사들이 아예 영화관의 지분을 사들이기 시작했다.

1945년에는 미국 전역에서 5대 메이저 영화 제작사가 지분을 보유한 영화관이 1,501개(1,287는 제작사 1개가, 214개는 2개 이상이 공동 지분 투자한 형태)였다. 그리고 이 영화관들이 미국 박스오피스 수익의 70퍼센트를 차지하는 정도가 되었다. 제작사는 자신이 소유한 영화관에 인기 영화를 가장 먼저 배급했고, 가격을 담합하기도 했다. 결국 연방대법원은 1948년 5월 3일, 제작사의 영화관 지분 보유가 반독점법 위반이며, 이를 매각해야 한다고 선언했다.

70여 년이 지난 후, 이 이야기는 한국에서 반복된다. 우리나라에서는 1990년대 이후 대기업이 여러 개의 스크린을 보유한 영화관, 즉 멀티플렉스에 투자하기 시작했다. CGV, 메가박스, 롯데시네마와 같이 우리에게 익숙한 영화관 브랜드가 시작된 때다.

이들 대기업 멀티플렉스 브랜드는 경쟁적으로 영화관을 세우면서 동네 영화관의 이름을 바꾸었다. 그리고 2010년이 되었을 때는 전국 영화관의 스크린 90퍼센트 이상이 이 3개의 이름 중 하나가 되었다. 영화관이 10개라면, CGV가 4개, 롯데시네마가 3개, 메가박스가 2개 정도였다. 더 쾌적하고 넓은 공간에서 고품질의 영화를 보여주는 멀티플렉스는 영화관의 대세가 되었다.

문제는 대기업 영화관의 계열회사로 대형 영화 배급사가 있다는 점이다. CGV는 영화를 가장 많이 배급하는 CJ엔터테인먼트(현재 CJ E&M)를 계열회사로 두고 있었고, 롯데시네마는 두 번째로 많이 배급하는 롯데엔터테인먼트가 계열회사였다. 이런 대기업 계열 영화관이 계열회사가 배급하는 영화를 밀어준다는 비판이 서서히 올라오기 시작했고, 특히 2012년을 휩쓴 천만 영화「광해, 왕이 된 남자」를 CJ엔터테인먼트가 배급하는 과정에서 CGV의 전체 상영관 약 800개 중 200개 이상에서 개봉하고, 관객이 많이 몰리는 좋은 시간대를 독점했다는 비판이 제기되면서 결국 사건이 터졌다.

　공정거래위원회는 2014년 12월, CGV와 롯데시네마에 시정명령과 함께 약 56억 원의 과징금을 부과했다. 흥행률에 근거한 편성 기준

ｌ스크린을 독점하기 위한 국내 영화 배급사들의 전략은 미국과 유사했다.

에 비추어 다른 배급사가 공급하는 영화와 비교해 더 많은 상영 회차를 편성했다는 것이다. 그리고 더 큰 규모의 상영관을 배정했으며, 상영관 예고편의 편성비율을 높이고 예고편을 본 영화의 상영 시간대에 가까이 편성하였다. 또한 홍보를 위해 사용하는 선전물을 관객에게 노출되기 쉬운 자리에 배치하고, 상영관 직원에게는 해당 영화를 고객에게 권유하도록 했다는 이유였다.

사실 사업의 관점에서 볼 때 수직계열화는 좋을 수도 있지만 나쁠 수도 있다. 자동차 회사가 철판까지 만들면 평소에는 철판을 안정적으로 공급받을 수 있어 좋다. 하지만 만약 어떤 이유로 자동차가 잘 팔리지 않게 되면 남아도는 철판을 팔지 못해 비용을 함께 떠안을 수도 있다. 같은 이유로, 영화관이 계열회사가 배급하는 영화를 밀어주기 위해 스크린을 확보하고 홍보하더라도 그 영화가 흥행에 실패하면 함께 큰 손해를 볼 수 있다. 이렇게 수요와 공급을 하나로 묶는 수직계열화는 사업의 관점에서 선택의 문제일 뿐이다.

그런데 시장의 관점에서는 조금 다르게 볼 수 있다. 공급 경로가 하나로 묶이면 다른 회사는 끼어들 수가 없을 수 있다. 축구를 하는데 어떤 팀의 수비수가 사촌이라는 이유로 공격수 한 명에게만 계속 공을 패스한다고 생각해보자. 다른 공격수는 불만이 클 것이다. 게다가 만약 수비수가 단 한 명뿐이라면? 다른 공격수는 아예 공을 받지 못하고 골도 넣지 못해서 능력을 발휘할 기회도 얻지 못할 것이다. 물론 수비수는 이렇게 말할 수 있다. "사촌이기 때문이 아니라 가장 골을 잘 넣

▎국내에서 가장 많은 영화관인 CGV

기 때문에 패스해주는 거야." 하지만 "한 명의 스트라이커에게 의존하는 팀은 오래 가기 어렵다", "다른 공격수도 골고루 기회를 얻어야 팀 전체가 성장하고 이길 수 있다"라는 반론도 곧바로 나올 것이다. 여러분이 감독이라면 어떤 주장을 따를 것인가? 아마도 감독이 팀을 어떻게 생각하는지, 얼마나 오래 운영하고, 목표가 어디까지인지에 따라 달라질 것 같다. 시장에서 수직계열화나 독과점을 두고 벌어지는 논란도 이것과 크게 다르지 않다.

3년 후, 법원에서 공정거래위원회의 판단은 뒤집혔다. 서울고등법원은 공정거래위원회의 시정명령과 과징금 부과가 잘못되었다고 판결했다.[41] 영화관마다 중시하는 흥행성 예측에 대한 평가가 다를 수 있으므로 계열사가 배급하는 영화에 대해서 유리하게 대우해준 사실은 일부 있었다. 하지만 차별의 정도가 현저했다고 단정하기는 어렵다는 것

초기업의 시대

이 이유였다. 대법원에서도 결론은 같았다.[42]

좀 이상하게 느껴질 수 있지만, '술은 마셨지만, 음주운전은 아니다'라는 말은 아니다. 사실 법적으로 이런 판단은 내리기가 굉장히 어려운 편이다. 다시 축구 이야기로 돌아가 보자. 수비수가 티 나게 사촌 공격수에게 공을 몰아준 것은 아니다. 전체적으로는 골고루 공을 배급하지만 자신이 볼 때 골을 넣을 가능성이 높은 상황에서 사촌 공격수를 집중적으로 밀어주었다면, 감독은 그 수비수를 출장 명단에서 제외하는 결정을 해야 할까? 수비수가 보기에 조금 더 골을 넣을 만한 상황에서, 그러니까 영화관이 보기에 조금 더 대박이 날 만한 영화에 대해서 약간 공평하지 않은 결정을 한 것이라고 볼 수도 있다. 이런 일에 대해서 사업이 아닌 법의 관점으로 평가하는 것은 매우 어렵다. 가치관에 따라 크게 좌우되는 문제이기 때문이다.

인터넷의 관문인 네이버만이 할 수 있는 일

포털portal은 원래 큰 건물의 웅장한 정문을 의미하는 말이다. '관문' 정도로 번역되는 이 단어를 볼 때 우리는 더 이상 문을 떠올리지 않는다. 아마 우리나라 사람의 10명 중 7명 이상은 '네이버'를 떠올릴 것이다. 인터넷 세상으로 들어갈 때, 미국이나 유럽 사람은 주로 구글이라는 관문을 처음으로 통과하듯, 우리나라 사람은 네이버를 통하는 비중이 압도적이다.

구글이 최초의 인터넷 포털이 아니듯, 네이버도 1999년 처음 설립될 때에는 다음, 야후코리아 등 선발주자보다 훨씬 작은 벤처(요즘 말로는 스타트업) 기업에 불과했다.

한때 야후는 미국에서도 가장 잘나가는 인터넷 포털이었다. 하지만 구글은 '페이지랭크pagerank' 알고리즘('더 중요한 페이지는 더 많은 다른 사이트로 링크된다'라는 구글 검색의 기본 알고리즘으로서, 세르게이 브린Sergey Brin과 래리 페이지Larry Page에 의해 최초로 소개되어 검색 기술로 발전한 후 지금까지도 구글 검색의 기본적인 알고리즘으로 작동하고 있다)으로 압도적으로 좋은 검색 결과를 보여주며 이용자들을 일거에 끌어모으면서 당시 1위 검색 포털이었던 야후를 앞질렀다. 네이버는 2002년 시작한 '지식IN' 서비스를 통해 선풍적인 인기를 끌고 다음의 전유물이었던 '카페'를 전격 도입했다. 그 결과 다음을 제치고 우리나라의 1위 검색 포털에 등극했다.

옛말에 '장사는 첫째도 목, 둘째도 목, 셋째도 목'이라는 말이 있다. 아무리 좋은 물건과 서비스라도 사람이 다니지 않는 곳에서 많은 매출을 올리기는 어렵다는 말이다. 예로부터 가장 큰 목은 바로 성문 앞이었다. 도시를 출입하려면 반드시 지나야 하는 성문, 큰 관문의 옆에서는 장사가 잘 되었고 남대문시장이나 동대문시장과 같은 큰 시장이 생겨났다. 물론 인터넷이 우리 삶에 들어오기 전의 이야기다.

▎우리나라 포털사이트의 대표라 할 수 있는 네이버

　인터넷이 등장한 후 처음에는 사전처럼 차곡차곡 정리해서 모아두는 형태의 포털 사이트인 야후가 등장했다. 마치 큰 오피스 빌딩의 1층 로비에 있는 층별 안내 게시판 같이 잘 정리된 포털 사이트로 사람들이 몰렸다. 하지만 인터넷의 정보가 기하급수적으로 늘어나면서 더 이상 어떤 기준에 의해 정리하는 것이 어려워졌고, 이런 방식은 최신 정보를 따라가는 데 한계가 있었다. 결국 '검색'이 대부분의 사람이 인터넷으로 들어가는 첫 관문이 됐다. 안내 게시판이 지나치게 복잡해지자, 사람들은 그냥 안내데스크 직원에게 자신이 찾는 곳을 바로 물어보는 것이 편하다는 것을 알게 된 것이다. '봇bot'이라고 불리기 시작한 검색엔진이 인터넷을 돌아다니면서 이용자가 원하는 정보를 바로 눈앞에 가져다주었다. 그리고 구글, 네이버와 같은 검색 사이트가 인터넷에서 가장 큰 목이 되었다. 네이버는 한동안 우리나라에서 70퍼센트 이상의 검색 점유율을 자랑했고, 구글은 여전히 미국과 유럽에서 가장 압도적인 검색 포털이다.

　기업가는 본능적으로 검색 포털이 가장 장사가 잘 되는 곳이라는 사실을 알았을 것이다. 1등 검색 포털이 된 네이버의 광고 수익은 기하급수직으로 늘었다. 특히 전통적인 배너 광고보다 검색 광고의 성장이 두드러졌다. 네이버의 초기 사업보고서는 배너 광고와 검색 광고를 구분해서 매출을 보여주는 흔치 않은 자료다. 2000년부터 2003년까지 약 68억, 70억, 180억, 330억 원으로 증가한 배너 광고의 매출도 폭발적이었다. 하지만 2001년 시작한 검색 광고는 첫해 약 24억 원의 매출을 보이더니 다음 해인 2002년에는 약 164억 원으로 급상승했다. 그리고 2003년 약 418억 원, 2004년 856억 원, 2005년에는 무려 약 1732억 원으로 결국 한게임의 매출(2004년 약 870억 원, 2005년 약 921억 원)을 넘어서는 네이버의 명실상부한 캐시카우로 등극했다. 같은 시기의 배너 광고 매출은 2004년 340억 원, 2005년 586억 원으로 정체되고 있었다.

| 표2 | 네이버의 광고 및 게임 수입

(단위: 억 원)

년도	2000년	2001년	2002년	2003년	2004년	2005년
검색 광고	0	24	164	418	856	1732
배너 광고	68	70	180	330	340	586
한게임	0	130	338	767	870	921

출처: 네이버 사업보고서

한 달에 3000만 명이 다녀가는 우리나라의 가장 좋은 목이자 공신력의 상징이 된 네이버는 단순한 광고만이 아니라, 이용자의 일상에 필요한 모든 것으로 서서히 사업 분야를 넓히기 시작했다. 신문, 방송과 같은 언론 기사는 물론이고 쇼핑, 부동산 거래, 영화 예매와 같이 인터넷 밖에 있던 것들이 인터넷 안으로 들어오면서 곧바로 네이버로 빨려 들어가기 시작했다. 그리고 네이버 자체 서비스는 검색 결과의 가장 위, 좋은 자리에 노출되면서 검색 결과인지 네이버의 서비스인지 알 수 없도록 표시됐다. 예를 들어 '부동산'을 검색하면 사람들이 가장 많이 찾는 부동산 정보 서비스나 결과가 뜨는 것이 아니라, 광고 표시가 제대로 되지 않은 광고주의 사이트와 네이버의 부동산 정보 서비스가 노출된다. 사람들은 네이버에서 검색어를 입력해서 가장 좋은 결과를 얻었다고 생각하지만, 결국 다시 네이버 서비스로 돌아가도록 설계된 것이다. 마치 시장의 관문을 모두 장악한 네이버가 문으로 들어오는 손님에게 시장 안의 원하는 가게로 가장 빨리 데려다주는 오토바이 서비스를 제공하면서 '떡볶이'를 원하는 손님에게 '네이버 분식(하지만 간판에는 '분식'이라고 적힌)으로, '원피스'를 찾는 손님에게 '네이버 패션(하지만 간판에는 '여성복'이라고 적힌)' 앞으로 데려다주는 것과 같은 상황이다. 과연 이런 네이버의 정책은 정당한 것일까?

사기업이 이익을 극대화하기 위해 자신의 서비스로 손님을 안내하는 것이 무엇이 잘못됐느냐는 의견도 있을 수 있다. 국가나 공공기관도 아닌 네이버가 자기 사업이 아닌 다른 회사의 사업도 잘 되도록 해야 할 이유가 어디에 있을까?

하지만 네이버는 70퍼센트가 넘는 점유율을 가진 검색 시장의 압도적인 독점 사업자라는 사실, 그리고 검색은 사람들이 인터넷을 할 때 가장 먼저 거치는 '관문'이라는 사실이 문제가 됐다. '상생'이라는 주제를 놓고 네이버에 대한 규제의 목소리가 높아졌고, 결국 2013년 공정거래위원회는 네이버와 다음의 조사를 개시한다. 이유는 검색 서비스 시장의 독점 사업자가 검색이 아닌 다른 시장에서 기존의 독점력을 이용해서 불공정한 경쟁을 하고 있다는 것이다.

네이버는 빠르게 공정거래위원회와 합의하는 전략을 취했다. 조사를 통해 과징금을 부과받고 이에 대해 법원에서 다툴 수도 있었다. 하지만 조사 개시 후 1년 만에 스스로 공정거래위원회가 원하는 시정 조치를 모두 수용하는 '동의의결'을 받기로 한 것이다. 네이버의 서비스에 대해서는 모두 '네이버' 표시를 하고, 광고에는 '광고' 표시를 분명히 하기로 했다. 또 중소 사업자를 위해 약 1000억 원의 지원을 하기로 했다. 그리고 맛집 검색과 같이 소위 '골목상권'과 밀접한 관계가 있는 서비스는 아예 종료하기로 했다.

네이버가 부동산 거래, 맛집 소개와 같은 전문 서비스에서 발을 뺀 2014년 이후, 직방, 망고플레이트 같은 스타트업이 비약적인 성장을 이루었다. 인터넷 쇼핑 시장도 모바일의 바람을 타고 오픈마켓과 소셜커머스의 폭발적인 성장이 있었다. 네이버라는 강력한 경쟁자가 잠시나마 없어진 공백에 창업과 투자가 들어갈 수 있었던 것이다.

그렇다면 네이버는 손해였을까? 그렇다고 생각하지는 않는다. 네이버와 같이 신뢰가 중요한 서비스가 이용자의 비난을 받기 시작한다면 순식간에 10년 전의 야후처럼 몰락할 수 있기 때문이다. 2014년 네이버에 대한 동의의결은 공정거래위원회에 대한 백기 항복이라고 볼 수도 있다. 하지만 두 보 전진을 위한 한 보 후퇴라고 보는 것이 더 정확할 것 같다. 위기를 넘기고 그때보다 훨씬 더 커진 네이버는 이제 네이버 페이라는 새로운 무기를 가지고 다시 등장하고 있다.

8장

모바일시대의
기업이 가야 할 길

MONOPOLY

그 들 은
어 떻 게
독점시장을
만 드 는 가

만약 구글이 서비스를
유료화한다면

다시 2019년으로 돌아와 보자. 이제 구글 지도 API를 이용하는 개발자나 회사는 반드시 구글 맵스 플랫폼 결제 계정을 만들거나 혹은 구글 클라우드 플랫폼의 결제 계정이 있어야 한다. 구글 지도가 아닌 다른 대안은 사실상 없을 것이다. 전 세계적으로 서비스를 제공하는 회사일수록, 구글 지도가 아닌 다른 지도 API 서비스를 찾기란 어렵다. 게다가 모바일시대가 되면서 지도와 위치 정보는 사람들의 생활에서 빼놓을 수 없는 것이 됐다.

새벽에 조깅을 하면서 내가 뛴 길을 확인하고, 교통 상황을 보고 출근길을 정하며, 점심을 먹을 때 근처 맛집을 검색한다. 모임이 끝나고

❙ 구글이 제공하는 서비스는 과연 어디까지 확장될 것인가?

집에 갈 때 택시나 공유 차량을 부르기 위해 스마트폰의 지도를 이용한다. 마치 19세기 말 석유가 사람들의 밤을 밝히기 위해 빼놓을 수 없는 것이 되었듯, 21세기는 인터넷이 없으면 생활을 할 수가 없게 된 것처럼, 모바일시대 스마트폰의 핵심 서비스 중 하나는 바로 지도다.

사용하는 내내 만족감이 높고, 돈을 조금 낸다 해도 하나도 아깝지 않은 서비스라고 생각한 구글 지도가 결국 유료화됐다. 지메일도 이미 회사 도메인을 연결해 쓰는 지스위트G Suite를 유료로 서비스한 지 오래다. 처음 회사 주소로 메일 계정을 만들 때 가장 많이 사용하는 서비스이니 작은 스타트업이라면 누구나 알 것이다.

물론 지도 API 서비스는 B2B이기 때문에 소비자 개인에게 직접적인 영향은 없을 것이다. 하지만 구글이 기업용 서비스만 제공하지는 않는다. 그렇다면 여행을 위한 항공권 검색Google Flights은? 너무 좋은 구글 무료 글꼴Google Fonts은? 전 세계 언어가 지원되는 구글 번역Google Translate은? 아니, 그냥 구글 검색 그 자체는? 약간의 불안감이 밀려온다. 구글이 저 서비스들을 유료화한다면 대안이 있을까? 어느 날 이런 공지가 구글 화면에 뜬다면?

> "검색 서비스 이용을 위해 신용카드를 등록해주세요. 1회낭 100원입니다. 물론 내일까지 가입하면 매달 3만 원씩 이용할 수 있는 쿠폰을 드립니다."

자신이 없다. 아마 나는 신용카드를 당장 등록할 것 같다. 광고 없이 내가 찾고 싶은 가장 좋은 결과를 맨 위에 올려주는 유일한 검색 서비스인데, 일단 등록하고 하루에 10번을 잘 세어가면서 무료 쿠폰 내에서 쓸 것 같다. 그리고 몇 달이 지나 무제한으로 검색할 수 있는 월정액 9,900원짜리 서비스가 나온다면, 정말 크게 고민할 것 같다. 하루에 검색을 3번씩만 해도 남는 장사이고, 음악 스트리밍 서비스도 6,600원씩 내고 듣고 있는데, 업무에 도움이 되는 구글 검색을 유료로 쓰지 않을 이유가 있을까.

물론 한동안은, 어쩌면 영원히 구글이 이렇게 급히 B2C 서비스를 유료화하거나, 사업자 상대의 B2B 서비스 가격을 올리지는 않을 것이다. 지도 서비스를 이용하던 앱들이 갑자기 망하는 것을 구글도 원하지는 않을 테니까. 오히려 반대로 구글 지도를 기반으로 서비스하는

I 언젠가 구글 맵을 비롯한 많은 구글의 서비스가 유료화될지도 모른다.

앱 중에서 대박 나는 앱이 많이 나와야 한다. 구글이 바라는 것은 되도록 많은 스타트업이 구글 지도를 이용한 서비스를 개발하여 더 많은 이용자가 그 서비스를 이용하는 것이다. 그래서 이런 서비스들이 다른 지도로 옮겨가기 위한 비용이 커지는 것이다.

한 달 무료, 이용자를 잡아두는 '줬다가 뺏는' 방식

미국에서 우리가 아는 아파트는 두 가지로 나뉜다. 주로 회사가 소유하고 월세를 받는 곳을 아파트Apartment라고 하고, 개인이 소유하여 직접 살거나 다른 사람에게 세를 주는 아파트는 콘도미니엄Condominium

이라고 부른다. 단기 유학생으로서, 회사가 관리하는 아파트 시스템은 아주 편했다. 계약서도 정확히 썼고, 관리사무소에서 모든 행정적인 부분을 잘 처리해주었다. 외부 업체 기술자가 상주하고 있어서 간단한 수리 서비스도 빠르게 처리됐다. 심지어는 비슷한 면적과 수준인데도 개인이 임대하는 곳보다 월세가 낮은 곳이 많았다. 그리고 같은 아파트 내에서도 층이나 뷰에 따라서 가격이 달라서 선택의 폭도 넓었다. 그러던 어느 날, 이런 이야기를 들었다.

"미국 아파트 임대 회사의 기본 전략이 뭔지 알아? 처음 들어오는 사람은 주변 시세보다 무조건 훨씬 싸게 해줘서 일단 입주하게 만들어. 재계약부터는 무조건 월세를 올리는데 그게 딱 이사 비용만큼이야. 그러면 월세가 주변과 비슷해져. 또 그다음 재계약할 때는 주변 시세보다 높게 올려. 그런데 이때가 되면 사는 사람은 다른 데로 이사 가기가 힘들어져. 비용도 들고, 귀찮고, 이미 그 아파트에서 2~3년 살아서 익숙한 환경이기 때문에 조금 비싸도 그냥 많이들 눌러앉는 거지."

살펴보니 주변 이웃 중에 똑같은 집에 사는데도 월세가 훨씬 비싼 경우가 있었다. '경로 의존성', 사람은 한번 들인 습관이나 버릇을 잘 못 버린다. 더 좋고 새로운 것이 나와도 원래 쓰던 것을 계속 쓰는 경우가 많다. 아무리 모바일 결제가 원클릭으로 단순해졌다고 해도 50대 이상은 전화 주문이나 결제가 편하다. 시니어 고객이 많은 한 쇼핑몰에서는 70대 이상은 아직도 전화로 주문하고 집 근처 ATM에 가서 직접 현금을 입금하는 비율이 제일 높다는 이야기도 들었다. 이유는 불안하기 때문이다. 인터넷을 통해 돈을 보내는 것이 익숙지 않은 세대, 인터넷이 처음 나왔을 때 이미 50대였던 시니어는 아직도 실제 눈으로 보이는 곳에서 돈을 내야 안심한다.

그럼 2030세대는 어떨까? 모바일시대로 오면서 인터넷에 대한 의존성이 더욱 강해졌다. PC는 책상에 앉아야 쓰지만, 이제는 일어나서 잠자리에 들 때까지 스마트폰을 통해 항상 인터넷에 연결돼 있다. 누구나 '이거 없으면 살 수 없겠네'라고 생각하는 앱이 생겼다. 이 말이 쉽게 나올수록, 그것을 독점하고 있는 회사가 언제부터 돈을 벌기 시작할지 계산기를 두드릴 확률이 높다.

처음에는 무료로 제공해서 이용자가 익숙해지게 한 후 천천히 직접 요금을 매기거나 광고와 같은 수익 사업을 시작하는 방법, 간단히 말하면 '줬다 뺏는' 이런 과금 방식은 모바일 서비스의 사업 모델 중 가장 기본적인 것이 됐다. 학교 이메일 계정을 가진 대학생에게 아마존 프라임을 6개월 동안 무료로 쓰게 해주면, 적어도 사용하는 기간 동안 빠른 배송이나 킨들의 무제한 서비스를 최소 몇 번은 이용하게 된다. 그리고 편리함을 알면 익숙해진다. 아마존 프라임이 생활의 일부가 되는 것이다. 그러면 6개월이 지난 후 계속 유료 서비스를 이용하는 비중이 높아진다. 이런 아마존 프라임 회원은 2018년에 이미 1억 명이 넘는다.

우리나라의 이커머스에서 쿠팡이 비슷한 전략을 쓰고, 넷플릭스 역시 언제든지 해지할 수 있는 1개월 무료 서비스를 제공한다. 모두 의존성이 생기게 한 후 없어지면 불편한 상황을 피하기 위해 돈을 내도록 유도하는 방법이다. 다만 무형의 서비스는 경험해야 가치를 알게 되니, 이런 과금 방식을 비판하기는 어렵다.

그런데 이런 서비스 의존성이 무서운 점은, 내가 다른 복잡한 방법을 배우지도 않게 되고 알지도 못하게 된다는 거다. 우리는 휴대폰에 연락처를 저장할 수 있게 되면서 친구의 전화번호를 외울 수 없게 됐다. 앞으로 완벽한 통·번역 기술이 나오면 더 이상 외국어도 배우지 않게 될 것이다. 클라우드 서비스가 보편화되면서 IT 회사에서 인프라를 담당하는 직원의 수는 크게 줄었다. 그래서 원래 많은 사람이 습득하고 훈련하던 지식과 경험이 소수에게만 남게 되었다. 이렇게 지식과 기술이 소수에게 집중되면, 그 자체로 권력이 될 수도 있다.

❚1개월 무료 서비스라는 경로 의존성 전략을 쓰는 넷플릭스

내가 누른 '좋아요'가
정보로 이용된다면

모바일 기업이 무료로 서비스를 제공하는 또 다른 중요한 이유는 데이터 수집을 위해서다. 지난 2011년 애플이 아이폰 사용자의 위치 정보를 무단으로 수집하여 우리나라 방송통신위원회가 세계 최초로 과태료를 부과하였다. 그리고 국내 아이폰 이용자 2만 8000명이 이에 대한 손해배상을 청구하는 집단소송을 제기한 적이 있다. 당시 문제는 이용자가 아이폰의 위치 정보를 꺼두었는데도, 아이폰 안에 저장된 이용자의 위치 정보가 주기적으로 미국의 데이터센터로 전송된다는 것이었다. 이런 사실이 미국에서 먼저 밝혀지고, 노출된 이용자의 위치 정보가 충격적인 이미지로 만들어져 확산되면서 이용자의 불안이 고조된 사건이다. 다만 이 사건은 7년 동안의 법정 공방 끝에 2018년 대법원에서 애플에게 손해배상 책임이 없는 것으로 마무리됐다.[43]

애플이 승소한 근거는 아이폰 사용자가 위치 정보 전송으로 손해, 특히 정신적인 손해를 입었다고 보기는 어렵다는 것이다. 자신의 위치가 대외적으로 노출된 것도 아니고, 애플의 데이터센터로 주기적으로 전송된 정도였으니 기분은 나쁠지언정 정신적으로 불안하거나 충격을 받지는 않았다고 본 것이다. 그래서 법원은 위자료를 인정하지 않았다.

하지만 iOS와 같은 모바일 플랫폼은 물론, 페이스북이나 카카오톡 같이 사람들이 자주 이용하는 모바일 서비스는 이런 위치 정보뿐만 아니라 이용자의 행동과 성향에 대한 수많은 데이터를 모으고 끊임없이 분석한다. 데이터 분석은 자료가 많을수록 좋기 때문에, 무료로 서비스를 제공하여 수많은 이용자를 확보하여, 이들로부터 받은 데이터를 수집하는 것은 모바일 서비스 기업에게는 매우 중요하다.

2014년 2월, 페이스북의 데이터 사이언스 팀은 '사랑의 형성 The Formation of Love'이라는 호기심 넘치는 제목으로 연구 결과를 공유한 적이 있다.[44] 페이스북에서 자신의 상태를 표시하는 버튼 중 '싱글', '연애 중' 또는 '기혼'과 같이 가족이나 결혼 또는 연애 상태를 나타내는 항목이 있다. 연구팀은 이 중 '싱글'로 표시되었다가 '연애 중'으로 바뀌는 사람들에게서 약 100일 전부터 타임라인에 공유되는 글의 수가 점진적으로 증가하다가 연애 상태가 바뀌기 12일 전이 가장 많았고, 커플이 된 후에는 공유 빈도가 뚜렷하게 낮아지는 재미있는 현상이 생긴다고 알려주었다. 그 이유는 온라인에서 교류하던 두 사람이 커플이 되면서 현실 세계에서 더 많이 교류함으로써 온라인 만남이 줄어드는 것으로 추정했다. 그리고 커플이 되기 전보다 이후에 포스팅에서 '사랑', '행복' 같은 긍정적인 단어의 비중이 비약적으로 높아졌다는 사실도 알려주었다. 이러한 통계적인 분석은 2010년 4월 11일부터 2013년 10월 21일까지 커플이 된 날을 명시한 이용자 중에서 익명으로 추출한 데이터를 기반으로 했다.

연구 결과는 재밌지만, 한편으로 두렵기도 하다. 페이스북은 자신의 상태를 드러내고 싶은 욕구를 통해 통계적으로 장래를 예측할 수 있기 때문이다. 어떤 한 명의 미래는 정확히 예측할 수 없어도, 대중의 미래는 확률적으로 예측할 수 있다. 그리고 이것은 페이스북의 가장 큰 수입원인 타깃 광고의 기반이 된다. 연애하는 사람들의 경향 데이터가 만약 연애 관련 서비스의 광고에 이용된다면, 그 효율은 일반적인 인터넷 배너 광고와는 비교할 수 없을 정도로 높을 것이다.

그리고 페이스북의 데이터는 2016년 미국 대통령 선거에서 정치 컨설팅 회사에게 이용되면서 그 위험성이 세계에 알려지기도 했다. 당시 도널드 트럼프 후보의 컨설팅 회사였던 케임브리지 애널리티카CA : Cambridge Analytica(이하 'CA')는 페이스북을 통해 약 8700만 명이나 되는 이용자의 정치적 성향을 수집했다. CA는 페이스북에 80만 달러(약 9억 원)를 내고 이용자 27만 명에게 성격을 검사하는 앱을 다운로드하도록 했는데, 여기에 정치 성향을 분석하는 알고리즘이 숨어 있었다. CA는 앱을 통해 페이스북 이용자 '친구' 목록이나 '좋아요'를 누른 항목 등 다양한 활동을 분석하여 소비 성향부터 관심 있는 사회 이슈, 정치·종교적 신념 등을 파악했다. 여기에서 그치지 않고, CA는 앱을 설치한 이용자 27만 명뿐만 아니라 그들과 '친구 관계'에 있던 총 8700만 명 이상의 정보를 빼냈다. 이 정보를 기반으로 CA는 누구에게 어떤 식으로 힐러리 클린턴 후보를 비방하는 선거 광고를 내보내야 효과적일지 등의 단순한 광고 전략뿐만 아니라, 트럼프가 어느 지역에서 유세해야 효과가 클지 등의 전체 선거 전략까지 수립했다.

페이스북은 이용자가 스스로 공개하는 각종 성향뿐만 아니라 공유

하거나 긍정적인 반응을 보인 포스
팅의 종류까지 포함한 수많은 데이
터를 갖고 있다. 하지만 이는 외부
로 공개하지 않는다. 우리나라의 배
달의 민족이나 쿠팡과 같은 모바일
플랫폼 역시 이용자 행동에 대한 데
이터를 계속 모으고 있다.

▮페이스북의 '좋아요'는 데이터 분석의
기반이 된다.

　이커머스에게는 어떤 상품에 대한 별점과 평가가 그들의 재산이다.
이용자는 인터넷 서비스를 무료로 이용하는 대신, 자신의 데이터를 제
공하는 것이다. 이런 데이터를 분석하고 이에 맞는 광고 상품 등을 개
발하여 제공하는 일은 모바일 플랫폼의 핵심적인 수입원이자 가치이
다. 데이터가 많을수록 이용자의 행동을 정확히 예측할 수 있다. 데이
터가 많은 회사가 이용자의 만족도를 높이기 때문에 결국 승자 독식
현상이 벌어진다. 데이터가 조금이라도 많은 회사에 이용자가 더 몰리
고, 그를 통해 더 많은 데이터를 갖게 되므로 서비스의 품질을 더 높일
수 있는 선순환 구조인 것이다. 자연 독점에 가까운 현상이기는 하지
만, 과연 이런 데이터 집중과 독점에는 아무런 문제도 없는 것일까.

안 하는 서비스가 없는
아마존의 두 얼굴

미국은 물론 한국에서도 이제 IT 스타트업은 보통 별도 서비스를 위한 컴퓨터 서버를 사지 않는다. 아마존의 AWS와 같은 클라우드 서비스를 사용한다. 한꺼번에 비용이 들지 않고, 관리하기도 훨씬 좋으며, 깔끔하고, 뭔가 더 혁신적이라는 이미지까지 갖게 되는 등 여러 가지로 좋다. 그러니 IT 회사인데도 기본 IT 인프라를 담당하는 직원이 없는 경우가 많다. AWS를 다룰 줄 아는 개발자가 AWS 담당 직원과 상담하면서 IT 인프라의 운영과 관리를 담당한다.

앞에서도 이야기한 것과 같이, AWS는 아마존의 수익을 담당하고 있다. 구글과 마이크로소프트 등이 시장에 뛰어들어 경쟁이 점점 치열해지고 있지만, 아직 시장의 3분의 1 이상은 AWS가 차지하고 있다. 기업 클라우드 서비스는 의존성이 정말 높은 사업이고, 게다가 유행까지 탔다.

언제부턴가 특별한 이유가 없는 한, 더 이상 MP3 파일로 음악을 다운받아 소장하지 않고 스트리밍 서비스로 듣게 되었다. 이렇듯 IT 회사가 클라우드 서비스를 이용하는 것은 일종의 대세가 되어가고 있다. 그리고 그중 첫 번째 선택지가 AWS이다.

우리나라에서는 많이 쓰지 않지만 미국의 10대들을 강타한 스냅챗Snapchat이 2017년, 구글 클라우드와 5년 동안 20억 달러(약 2조

2580억 원), AWS와 5년 동안 10억 달러의 클라우드 이용 계약을 체결했다. 실시간 동영상 서비스는 특성상 대용량 트래픽을 안정적으로 처리하는 것이 중요하다. 우리나라 회사지만 해외에서 더 유명한 실시간 동영상 채팅 앱 아자르Azar도 AWS의 주요 고객이다. 처음부터 하루에 수천만 회의 매칭을 실시간으로 처리할 수 있는 서버를 구축하고, 계속 한 회사의 힘으로 확장하는 것은 매우 어려운 일이다. 비용만 내면 미리 확장된 것과 같은 클라우드가 있기 때문에 이런 서비스가 빠르게 성장할 수 있었다.

이렇게 대용량 서버를 이용하는 앱들이 다시 AWS 밖으로 나갈 수 있을까? 거의 불가능할 것이다. AWS와 같은 클라우드 서비스를 이용하면 나중에 그 회사 고유의 인프라를 구축하는 것은 아주 어렵다. 수

▍인기 앱인 스냅챗은 이미 구글과 아마존의 클라우드 서비스를 적극 활용 중이다.

많은 컴퓨터와 컴퓨터를 둘 큰 공간을 마련해야 하고, 옮겨야 할 코드나 데이터의 양도 엄청나게 많고 복잡하다. 뿐만 아니라 처음부터 서비스의 구조나 연혁을 아는 사람도 없기 때문에 엄두가 나지 않는다. 특히 이커머스나 SNS와 같이 24시간 돌아가야 하는 서비스라면, 코드와 데이터를 옮기는 시간 동안 운영과 영업을 멈춰야 한다는 것은 치명적이다. 지난 2017년 우리나라의 쿠팡이 자사의 IT 인프라를 모두 AWS로 이전한 것은 어쩌면 일종의 모험이었다. 준비 기간을 포함해 1년 정도가 걸리는 큰 프로젝트였는데, 서비스 전체를 멈추지 않고 조금씩 이전해서 약 3개월 만에 성공적으로 이전을 완료했다.

그와 동시에 인프라 분야의 전문 인력도 AWS와 같은 클라우드 서비스 회사로 모인다. 각각의 회사로 흩어지지 않고 비슷한 일을 하는 사람들끼리 모이니 더 좋기도 하다. 그럴수록 일반 IT 회사에는 인프라 전문 인력이 점점 부족해진다. 인력난까지 겹친 회사들은 결국 점점 더 클라우드로 옮기려는 결정을 하게 된다. 선순환이라고도 할 수 있고, 악순환이라고도 할 수 있는 분위기다. 좀 심하게 말하면, 이제 수많은 IT 기업은 AWS에게, 즉 아마존의 손에 자신의 팔다리와 수익성을 맡겨 놓은 것이나 다름없다.

실제로 2018년 11월 22일, 서울 시간 기준으로 오전 8시 19분부터 9시 43분까지 AWS의 리전region 가운데 서울 서버의 도메인 네임 시스템DNS(네트워크에서 도메인이나 호스트 이름을 숫자로 된 IP 주소로 해석해 주는 TCP/IP 네트워크 서비스)에 오류가 발생하여 쿠팡, 배달의 민족 같은 모바일 서비스는 물론 방송사와 은행까지 접속 장애를 겪었다. 하지만 이후 어떤 회사도 아마존에 거액의 손해배상을 청구했다는 소식은 들리지 않는다. AWS를 이용할 수밖에 없는 상황에서 회사들이 아마존과 각을 세울 수는 없지 않았을까.

그러니 아마존이 어느 날 갑자기 가격 정책을 변경하면 IT 기업의 주가는 크게 출렁일 것이다. 물론 인내심이 깊은 아마존은 오래오래 기다릴 것이다. 오랫동안 소비자가 아마존 없이는 살 수 없도록 만들었듯이 말이다. 그럼 다음은 뭘까?

조용히 판매자를 끌어들이고 있는 아마존의 FBA다. 인터넷 기반으로 사업을 하는 회사에게 꼭 필요한 것이 서버와 스토리지라면, 인터넷에서 물건을 파는 회사에게 꼭 필요한 것은 물건을 보관할 창고와 소비자에게 전달해줄 배송 서비스다. 하지만 창고를 소유하는 것은 돈이 많이 들고, 처음 물건을 파는 사람들이 이용할 만한 작은 창고를 구하는 것도 쉽지 않다. 그래서 지금도 많은 사람이 제3자 물류3PL : 3rd-Party Logistics라는 이름으로 다른 사람의 창고를 빌려서 사용한다. 그런데 IT 회사에게 가장 중요한 시설인 전산 인프라를 아마존과 같은 제3자에게 의존하게 된 것처럼, 몇 년도 지나지 않아 인터넷에서 물건을 파는 사람도 역시 더 이상 자신의 창고를 갖지 않고 배송에 신경을 쓰지 않는 것이 대세가 될 것이다.

앞에서 살펴보았던 FBA는 그냥 창고만 빌려주던 제3자 물류에서 진화해 최신 배송 서비스까지 대행한다. 판매자의 관점에서, 이같은 서비스를 이용해야 하는 이유는 IT 스타트업이 AWS를 써야 하는 상황과 너무나 비슷하다. 초기 자본이 부족하고 상품과 서비스에 집중해야 하는 소규모 판매자는 창고에 물건을 저장하고 포장해서 배송하는 인력을 구하기도, 관리하기도 어렵다. 판매량이 폭발적으로 늘어날 때마다 창고를 새로 계약해서 늘릴 수도 없고, 그렇다고 처음부터 넓은 창고를 사거나 빌리는 것은 효율적이지도 않다. 단가가 조금 비싼 것 같기는 하지만, 쓰는 만큼 요금을 내고 따로 신경 쓰지 않아도 최상급의 창고에서 최신 자동화 설비로 물건을 알아서 보관하고 배송할 수 있는 서비스를 선택하는 것이 훨씬 효율적이다. 무엇보다 보조적인 서비스에 신경 쓰는 것보다 상품과 서비스 자체에 집중하는 것이 성공의 지름길이라는 것은 누구나 알고 있다.

이렇게 FBA 같은 새로운 제3자 물류 서비스에서 시작하는 것이 인터넷에서 처음으로 물건을 파는 사람들의 표준이 될 것이다. 수많은 IT 서비스가 AWS에서 시작하는 것이 거의 표준인 것처럼.

인터넷과 모바일의 플랫폼은 보통 '양면 시장two-sided market'이라고 불린다. 소비자와 판매자가 만나는 장이기 때문에 양쪽이 서로 독립적인 시장으로 구분될 수 있다는 의미다. 2019년, 아마존은 미국 이커머스 플랫폼의 소비자 쪽 시장에서 압도적인 힘을 갖고 있다. 소비자 쪽 시장에서 독점기업이라 충분히 불릴 만하다. 이제 반대편인 판매자까지 장악하면 아마존은 판매자에서 소비자에 이르는 이커머스의 모든 길을 차지하게 되는 것이다.

판매자가 팔 물건을 고르기만 하면 공장에서 아마존 창고로 물건이 운반된 뒤 그곳에서 보관된다. 그리고 수억 명이 보고 있는 아마존 앱에 판매 페이지를 연다. 소비자가 보고 주문하면 판매자가 따로 관리할 필요 없이 자동으로 아마존 창고에서 2일 내로 배송된다. 고객 상담CS · customer service이나 매출, 재고 관리와 같이 귀찮은 일은 모두 아마존이 대신한다. 더 이상 판매자가 창고를 소유하거나 임대하지 않고, 물류도 몰라도 된다. 설마라고 생각할 수 있지만 지금 IT 스타트업에서 이미 일상이 된 모습과 별 차이가 없다. 아마존이 독점기업이 되었다고 떠들썩하고 모두가 두려워하지만, '모든 물건을 모두에게 어디서나 파는' 아마존 제국은 이제 겨우 시작일지도 모른다.

한국형 구글과
아마존이 되어가는 네이버

미국에서 공룡 기업 아마존의 유일한 대항마는 구글이다. 인터넷 검색과 상품 구매를 지금까지는 다른 것으로 생각했지만, 이제는 겹치는 부분이 많아졌다. 이제 사람들이 어떤 물건을 살지 결정하기 위해 하는 행동 중 '인터넷 검색'이 가장 많은 비중을 차지한다. 그런데 인터넷 검색 시장의 독점기업은 구글이다. 우리나라에서만 느끼지 못하고 있을 뿐, 미국과 유럽을 포함한 전 세계에서는 그렇다.

이제 사람들이 물건을 사는 방법 중 가장 흔한 방법은 이커머스로 구매하는 것이다. 이커머스의 독점기업이나 이제 곧 독점이 될 기업은 아마존이다. 이제 두 시장이 점점 오버랩되고 있다. 20여 년 전 서로 다른 방향에서 출발한 두 회사가, 이제 외나무다리에서 만난 모습이다. 최근에는 미국 사람이 상품 검색을 하기 위해 이용하는 사이트로 구글보다 아마존을 찾는 빈도가 더 높다는 이야기가 들린 지 오래됐다.

　이런 힘을 이용해 2018년 1월 아마존은 인터넷 광고 시장에 진출하겠다고 선언했다. 그 전부터 구글은 아마존의 캐시카우인 클라우드 시장에 진출하기 위해 엄청난 투자를 진행하고 있었다. 현재 구글은 기업 클라우드 컴퓨팅 시장에서 AWS와 마이크로소프트의 뒤를 이은

▌인터넷 검색 시장의 독점기업인 구글을 아마존이 따라잡고 있다.

초기업의 시대

3위다. 아마존과 구글은 서로의 주력 사업 부문에 도전하며 힘겨루기를 하고 있다. 그리고 두 초기업이 정면으로 부딪치는 분야가 바로 인공지능, AI 스피커다.

"알렉사!"
"헤이 구글!"

아마존이 먼저 출발했지만, 구글이 빠르게 따라잡고 있다. 앞으로 모든 가정마다 놓일 새로운 플랫폼, 새로운 정보의 이동 통로가 될 것으로 거의 확실시된 인공지능 스피커다. 과연 사람들은 정보 검색을 위해 어떤 이름을 더 많이 부르게 될까?

구글과 아마존이 전 세계를 휩쓸고 있는 이 순간에도 우리나라 검색 포털의 70퍼센트를 차지하고 있는 큰손은 네이버다. 그런데 구글이 이커머스 시장에 좀처럼 진입하지 않는 것과 달리, 네이버는 이미 2014년 즈음부터 가격 비교가 아닌 직접 입점을 통한 이커머스 사업을 시작했다. 2016년에는 '쇼핑 검색 광고' 상품을 내놓으면서 본격적으로 오픈마켓과 사실상 같은 시장에 뛰어들었다.

우리나라의 오픈마켓은 기본적으로 광고주들의 경쟁터다. 실시간 경쟁을 통해 각 카테고리나 검색 화면에서 상위에 노출되는 만큼 비용이 결정된다. 상위에 노출되지 않으면 도저히 매출이 나오지 않는다. 광고비를 많이 지출해야 그만큼의 매출을 기대할 수 있다. 상품 관리

┃ 구글의 인공지능 스피커인 구글 홈

MD가 직접 상위 노출을 결정하는 소셜커머스와 이 점에서 가장 크게 다르다. 이런 시스템은 사실 네이버가 오래전부터 이커머스가 아닌 일반 검색 시장에서 해온 키워드 검색 광고와 다를 것이 없다.

네이버는 아마도 자신의 서비스 중 하나인 네이버 쇼핑에서 가격 비교 수수료를 내는 고객인 이커머스 회사를 고려해서, 그리고 한편으로는 '골목상권 침해'라는 사회적인 비판을 받지 않기 위해서 시장에 천천히 진입했을지도 모른다. 네이버의 2017년 이커머스 거래액은 약 4조 6000억 원으로 추정된다. 2019년 상반기에는 전체 결제액이 약 9조 8000억 원이라고 한다.[45] 물론 쇼핑뿐만 아니라 콘텐츠 구매나 광고주들의 결제 등이 포함돼 있지만, 쇼핑 결제액도 훨씬 높아졌다고 볼 수 있다. 2019년 상반기에 약 8조 8000억 원의 결제액을 기록한 지마켓보다는 아직 적은 것으로 추정되지만, 3년 만에 11번가(2019년 상반기 결제액 약 5조 2000억 원)를 추월할 가능성이 커졌다.

네이버의 이커머스는 상품 검색의 출발점인 네이버 검색부터 개별 쇼핑몰 아이디 없이 네이버 아이디로 고객 정보를 제공하는 네아로(네이버 아이디로 대신 로그인 하는 것. OAuth 2.0 기반의 사용자 인증 기능을 제공해 네이버가 아닌 다른 서비스에서 네이버의 사용자 인증 기능을 이용할 수 있세 하는 서비스), 그리고 네이버 페이로 결제하는 전체 과정을 하나의 이용자 경험으로 구성하는 것을 목표로 하는 것 같다.

검색 시장의 독점기업과 이커머스 시장의 독점기업이 각자의 강점을 무기로 맞붙는 미국과 달리, 한국에서는 이커머스 시장이 춘추전국시대인 틈을 타 검색 시장의 독점 사업자가 그 사이를 비집고 들어가서 틈을 크게 벌리는 모양새다. 미국으로 바꾸어 보면, 구글이 이커머스 사업에서도 상당한 비중을 차지하는 것과 같은 상황인 것이다.

이런 상황은 PC 기반의 인터넷이 모바일로 옮겨 오면서 훨씬 빠르게 진행되고 있다. 넓은 화면에서 많은 상품을 넘겨보며 선택할 수 있던 PC 시절과 달리, 화면이 좁은 모바일에서는 검색을 통해 자신이 원하는 상품만 보고 구매하려는 경향이 강하다. 그리고 한 화면에 보이는 상품이 적기 때문에 충동적인 구매 비중도 훨씬 높아졌다. 검색이라는 전 단계를 장악한 네이버가 다음 단계인 쇼핑으로 힘을 뻗기 더 쉬운 환경이 된 것이다. 그리고 누구 하나 압도적이지 않고 치열한 출혈 경쟁을 하는 우리나라 이커머스 시장의 상황도, 이미 충분한 실탄을 보유하고 있는 네이버에게 나쁜 일은 아니다.

유통 플랫폼은 가치 중립적이다. 특히 모바일에는 충성고객이 별로 없다. 소비자는 더 싸고 편리하다면 언제든지 바로 이용하는 이커머스 앱을 바꿀 수 있다. 사실 언제 네이버 쇼핑 앱이 나와도 이상하지 않은 상황이다. 하지만 네이비는 사회적 논란을 굉장히 신경 쓰는 것 같다.

네이버는 지난 2013년 '골목상권 침해' 논란 속에서 부동산, 맛집, 여행 등 많은 정보 제공 서비스를 중단했다. 그리고 네이버가 철수한 자리에 직방, 망고플레이트 같은 성공적인 스타트업이 들어왔다. 이런 네이버의 정책은 다분히 한국적이다. 인접 시장으로 끊임없이 진출하는 아마존은 아마도 네이버의 선택을 이해하지 못할 것이다.

그런데 이미 한국에서 미국의 구글과 아마존을 합친 회사로 진화하는 네이버의 이런 조심스러운, 너무 많은 시장을 장악하지 않으려는 행보는 21세기 최대 반독점 조사에 직면한 아마존이 오히려 배워야 할 미래를 내다본 정책이 아닐까 하는 생각도 든다.

2019년에 시작된 마이크로소프트 이후의 최대 반독점 조사는 사실 미국의 여론을 등에 업고 있다. 지나친 독점 플랫폼에 대한 경계가 매우 높아졌으며, 특히 페이스북의 개인정보 유출 사건이 사회적·정치적 촉매가 됐다. 2016년 대통령 선거에서 페이스북 가입자 정보가 이용된 사건을 두고 연방거래위원회는 2019년 7월 페이스북에게 약 50억 달러(약 6조 원)의 벌금을 부과했다. 이에 페이스북은 이의를 제기하지 않은 것은 물론, 여러 조건 등에 순순히 동의했다. 그만큼 이용자들의 반감이 큰 사안이었던 것이다.

그 불똥이 다른 거대 플랫폼인 구글, 아마존 등으로 튀고 있는 형국이다. 그리고 유럽연합EU 역시 2019년 7월, 아마존에 대한 반독점 조사를 개시했다. 문제는 아마존이 판매자의 정보를 이용하는 방식이다. 오픈마켓과 같이 시장을 열어주는 플랫폼과 함께 스스로 물건을 파는 판매자의 역할도 할 때, 과연 아마존은 스스로 파는 물건에 유리한 정책을 적용할까? 만약 그렇다면 아마존에 대한 반독점법 적용은 결국 이루어질 것인가?

네이버가 플랫폼으로서의 중립성을 지킨다는 명목, 그리고 '골목상권'을 보호한다는 명목으로 유망한 분야인 부동산이나 식당 정보 서비스를 직접 운영하지 않기로 결정한 것이 2013년이다. 하지만 아마존은 이커머스 플랫폼을 운영하면서도 2017년 유기농 신선 식품 기업인 홀푸드를, 2018년 하와이를 제외한 미국 49개 주에서 허가받은 약국 필팩Pillpack을 인수했다. 그리고 2019년에는 주유소 시장 진출을 선언하는 등 기존 산업의 인접 분야로 끊임없이 진출하고 있다. 결국 아마존에게도 '문어발'이라는 수식어가 붙기 시작했다.[46]

물론 아마존의 정책이 소비자를 등에 업고 있는 것은 분명해 보인다. 아마존은 더 싸게 더 좋은 상품을 더 빨리 소비자에게 전달하는데 무엇이 문제냐고 반박할 수 있기 때문이다. 하지만 130년 전 록펠러도 경쟁 정유 업체를 무차별 인수하고 철도 회사에게 리베이트를 주면서 비슷한 주장을 했다는 사실을 기억해야 한다.

작은 한국 시장에서 독점을 달성한 네이버는 인수했던 맛집 정보 서비스를 중단하면서까지 사회적 반감을 줄이는 데 노력했다. 훨씬 경쟁적이고 큰 미국 시장이지만, 아마존의 거침 없는 행보가 마이크로소프트 이후 최대 반독점 조사에서 어떤 결과를 가져올지 많은 사람이 조심스럽게 지켜보고 있다.

국민 메신저 카카오는
어디까지 손을 뻗칠 것인가

구글, 네이버와 같은 검색 포털이 인터넷 세상에서 가장 목이 좋은 곳이 되어 지배하던 2009년, 기능이 대폭 향상되어 등장한 아이폰 3GS는 모바일시대의 서막을 알렸다. 2010년은 우리나라 모바일시대의 원년이라고 할 만한 해다. 문자 메시지 시대의 종말을 알린 카카오톡이 등장했고, 티켓몬스터를 필두로 소셜커머스가 모바일 바람을 타고 이커머스를 휩쓸기 시작했다. 특히 모바일 메신저는 대화 상대방이 있어야 하기 때문에 네트워크 효과가 극대화되는 서비스다. 카카오톡만 쓰는 사람과 라인만 쓰는 사람이 대화할 수는 없기 때문이다. 우리나라는 모바일시대 초기에 카카오톡, 마이피플, 네이트온톡 등 다양한 기업이 경쟁했지만, 곧 카카오톡 하나로 정리됐다. 그리고 일본은 라인, 중국은 위챗이 소위 '국민 메신저'의 자리에 올랐다. 이제 사람들이 하나의 메신저 서비스로 모이게 된 것이다. 그러므로 메신저가 가장 큰 목이 되었다는 사실을 누구나 쉽게 알아챌 수 있었다.

검색 포털 구글과 네이버의 성장을 본 사람들은 새롭게 등장한 모바일 메신저의 가치에 큰 기대를 걸기 시작했다. 카카오는 2011년 1월에 53억 원, 9월에 206억 원을 투자받더니 2012년 4월에는 중국의 텐센트Tencent(중국 최대의 IT 회사이자 게임 회사) 등으로부터 920억 원을 투자받으면서 설립 2년 만에 기업 가치가 5200억 원으로 평가받았다. 요즘에야 기업 가치가 1조 원 이상인 '유니콘' 스타트업을 흔히 볼 수 있지만, 당시로는 놀랄 만한 성장이었다. 곧이어 2014년에는 두 번째로 큰 검색 포털이던 다음과 합병하면서 코스닥 시장에 이름을 올리게 되었다. 합병 당시 평가된 카카오의 기업 가치는 약 3조 4억 원이었다. 2년 만에 다시 6배가 넘게 성장한 것이다. 과연 카카오 같은 메신저는 어떻게 돈을 벌게 되었을까?

네이버는 막 성장하던 초기에 한게임이라는 캐시카우와 합병하면서 도약의 발판을 마련했다. 카카오도 그랬다. 카카오톡이 메신저라는 포털의 폭발력을 과시한 것은 바로 2012년 전 국민을 휩쓴 '애니팡' 게임 덕분이었다. 애니팡은 터치로 일곱 종류의 동물 블록 위치를 바꿔서, 최소 세 마리 이상의 같은 동물을 일렬로 배열하면 블록이 터지는 간단한 게임이다. 사실 이전에 나온 다른 게임과 큰 차이는 없다. 다른 점이 있다면 카카오톡을 통해 서비스되었다는 점이다.

무료로 게임을 즐기기 위해서는 카카오톡을 통해 친구를 초대해

▌무시무시한 성장을 한 카카오

야 하는 방식 덕분에 전국에 애니팡 신드롬이 일어났다. 애니팡은 무려 2000만 회 이상 다운로드되었고, 동시 접속사 수가 100만 명을 넘기도 했다. 개발사인 선데이토즈가 2013년 코스닥에 상장될 정도였다.

카카오톡을 통해 게임 서비스가 대박의 지름길이 될 수 있음을 확인하자, 게임 회사는 너도나도 '카카오 게임하기'에 수수료를 내고 게임을 서비스하려고 했다. 카카오의 매출은 급증하기 시작했다. 2013년 2017억 원, 2014년에는 4000억 원이 넘었고, 그 절반 이상이 영업이익으로 기록됐다. 명실상부한 IT 플랫폼의 모습을 갖추기 시작한 것이다.[47]

게임 플랫폼으로 대성공을 거둔 카카오는 다양한 시도를 하기 시작했다. 직접 서비스를 기획하기도 하고, 다른 회사를 인수해서 카카오톡에 붙이는 시도도 계속했다. 웹소설과 웹툰을 서비스하는 포도트리(현재의 카카오페이지)를 2015년에 인수했고, 같은 해 4월 카카오택시 서비스가 시작됐다. 5월이 되어 '김기사' 내비게이션 운영사인 록앤올Locnall을 인수한 건은 스타트업의 성공적인 엑시트exit(창업자나 투자자가 투자금을 회수하는 것을 의미) 사례로 오랫동안 사람들의 부러움을 샀다. 그리고 2016년 1월에 국내 1위 음악 스트리밍 서비스인 멜론을 무려 1조 8700억 원에 인수한다는 소식은 카카오가 이제 더는 스타트

초기업의 시대

업이 아닌 대기업이 되었음을 알리는 뉴스였다.

그런데 이때 카카오는 새로운 장애물을 하나 만나게 된다. 멜론을 인수하면서 전체 계열회사의 자산 총액이 5조 원을 넘어 공정거래위원회가 지정하는 '대규모 기업집단'에 이름을 올리게 된 것이다.

대규모 기업집단이란 우리나라에만 있는 독특한 제도다. 원래 회사의 의사결정은 주주의 의결권을 기초로 하는데, 우리나라는 지분율과 관계없이 재벌 일가의 영향력에 의해 결정되는 일이 많다. 그러다 보니 어떤 특정한 사람(주로 '총수'라고 부르는 그룹의 대표적인 인물)을 지정해서 그 사람과 지분 관계는 물론 친인척 관계나 사실상의 영향력을 갖는 관계에 있는 사람이 운영하는 회사까지 하나의 기업집단으로 본다. 그리고 그런 하나의 영향력 안에 있는 회사를 모두 묶어서 자산총액이 얼마 이상이면 그 회사들 간에는 서로 보증을 서지 못하게 하고, 서로 출자하지 못하게 한다. 또한 제3의 기업이나 단체와 거래할 때와 똑같은 조건으로 거래를 진행하는지 감시받는 등 여러 규제를 받는다. 그 이유는 1997년 IMF 구제금융 사태 이후 우리나라 대기업의 소위 '대마불사大馬不死 경영'이 위험하다는 인식이 생겼기 때문이다.

일단 대규모 기업집단에 지정되면, 계열회사를 모두 공정거래위원회에 신고하고 공시해야 한다. 그런데 카카오는 당시 어떤 이유에서인지 작은 계열회사 5개를 신고할 때 빠뜨렸고, 이런 신고 누락에 대해 검찰이 카카오의 대표 인물로 지정된 김범수 의장을 벌금 1억 원으로 기소했다. 하지만 그는 1심에서 무죄 판결을 받았다. 그리고 2019년

10월에 열린 2심 재판에서 벌금 1억 원이 구형되었다. 벌금 1억 원 정도는 카카오의 규모에 비해 대수롭지 않은 사건이라고 할 수도 있다.

하지만 나비효과butterfly effect(나비의 작은 날갯짓이 날씨 변화를 일으키듯, 미세한 변화나 작은 사건이 추후 예상하지 못한 엄청난 결과로 이어진다는 의미)와 같은 일이 하나 있다. 카카오페이가 증권업에 진출을 하려면 대주주가 지난 5년간 금융 관련 법령은 물론 공정거래법을 위반해서 '벌금형 이상'의 처벌을 받은 사실이 없어야 한다. 그런데 김범수 의장의 '벌금형' 사건이 걸림돌이 된 것이다. 3년 전 작은 계열회사 5개의 신고를 누락한 이 사건은 금융 플랫폼으로 진화하는 카카오의 전략에 치명적인 장애물이 되었다. 물론 대법원에서 무죄 판결을 받을 수도 있을 것이다. 하지만 그때까지 걸리는 2~3년의 시간을 시장과 소비자가 기다려 주지 않는다는 사실을 우리나라는 물론, 미국의 사례를 통해서 너무나 잘 알고 있다.

카카오는 2019년 기준으로 국내 기준 계열회사의 자산총액이 10조 원을 넘었다. 외형 규모에서 네이버를 넘어섰다. 계열회사가 71개나 되어 기존 대기업인 SK, 롯데, LG, 한화, CJ 다음으로 여섯 번째로 많은 대기업 집단이 됐다. 이런 외형 확장은 카카오의 전략을 정확히 보여준다. 카카오톡이라는 국민 메신저를 통해 게임, 콘텐츠, 교통, 음악은 물론 결제와 투자까지 우리 생활에서 필요한 모든 편익을 제공하는 플랫폼으로 진화하고자 하는 것이다. 이미 중국의 위챗은 이런 길을 앞서갔고, 페이스북도 암호 화폐인 리브라Libra 등을 통해 금융 플랫폼의 길을 모색하는 중이다.

일단 하나의 시장을 장악한 후 옆에 있는 다른 시장을 쉽게 장악하는 전략, 이것은 OS를 장악하고 인터넷 익스플로러와 메신저 시장으로 진출한 마이크로소프트의 전략과 다르지 않다. 카카오는 과연 앞으로 우리 생활에 얼마나 더 스며들 수 있을까?

인공지능의 시대에도
독점 전략은 계속될까

2019년은 거대 IT 기업에 관한 대대적인 반독점 사건의 해로 기억될 것이다. 3월에는 구글이 경쟁 업체의 광고 노출을 제한한 행위로 EU로부터 약 14억 9000만 유로(약 2조 원)의 벌금을 부과받았다. 5월에는 애플의 앱스토어에 대한 소비자의 반독점 소송이 허가됐다. 그리고 퀄컴은 특허 라이선스에 관하여 반독점법 위반 판결을 받고 재협상 명령까지 받았다.

애플의 앱스토어에 대한 소송 허가는 판매 금액의 30퍼센트를 수수료로 부과하는 애플의 가격 정책을 정조준한 것이다. 다만 어떤 결론이 나온 것은 아니고, 이제 시작됐다. 개발자가 아닌 앱을 구매하는 소비자도 소송을 제기할 수 있다는 점을 미국연방대법원이 승인해준 것이다. 때문에 사실 이 대법원 판결은 소비자의 집단소송이 활성화돼 있는 미국에서 애플 한 회사에 대한 판결보다 훨씬 더 그 의미가 크다. 소비자가 언제든 온라인에서 앱스토어처럼 독점적 성격을 지닌 플랫폼에 소송을 제기할 수 있는 길이 열린 것이다. 대법관 9명의 의견이 5 대 4로 나뉠 정도로 첨예한 쟁점이었다.

6월에는 아마존, 구글, 애플, 페이스북에 대한 연방거래위원회와 연방법무부의 합동 조사가 시작됐다. 미국에서는 거대 기업이 반독점법에 의해 쪼개지는 일이 많았기 때문에 긴장이 고조됐다. 석유 시장을 독점했던 록펠러의 스탠더드오일을 시작으로 미국 담배 시장의 95퍼센트를 독점했던 BAT가 지역별로 분할된 적이 있다. 그리고 영화관을 독점하던 영화사들도 반독점법의 철퇴를 맞았다. 전화 시장을 독점했던 AT&T는 7개의 지역 전화 회사와 1개의 장거리 전화 회사로 쪼개라는 법원의 판결을 받았다. 과연 이커머스 시장과 모바일 광고 시장에서 강력한 힘을 과시하고 있는 초기업인 아마존, 구글, 애플, 페이스북, 넷플릭스에 대한 반독점 조사의 결과는 어떻게 될까?

이 뉴스의 잉크가 마르기도 전에 7월에는 페이스북이 개인정보 문제로 연방거래위원회로부터 50억 달러(약 6조 원)의 벌금을 부과받았고, 아마존에 대한 EU의 반독점 조사가 시작됐다는 소식이 전해졌다. EU의 조사는 미국과는 또 다르다. 특히 미국 기업에 대한 EU 집행위원회의 반독점 조사와 벌금은 혹독하기로 유명하다. 지난 2018년 7월에는 구글이 모바일 OS인 안드로이드에 자신의 검색엔진을 연동시켜 소비자의 선택을 방해했다는 이유로 무려 43억 4000만 유로(약 5조 원)의 벌금을 부과했다. 하지만 같은 사건에 대해 미국연방거래위원회는 문제가 되는 알고리즘을 수정하는 정도로 구글과 합의를 봤다. 이를 자국 기업을 봐주는 행태라고 보기는 어렵다. 정치와 시대에 따라 달라졌지만, 기업에 대한 자유나 규제의 관점에서 EU는 규제에 가깝고, 미국은 자유에 가깝다는 전통이 있다. 소비자 보호의 방법도 미국은 집단소송과 같이 개인의 움직임에 의해서, EU는 정부의 규제에 따르는 경우가 많다.

산업화시대의 독점이 훌륭한 기술이나 생산성에서 나왔다면, 정보화·모바일시대의 독점은 사람과 사람의 연결, 즉 네트워크 효과에서 나온다. 혼자 쓰는 것이 아니라 서로 주고받으면서 같이 쓰는 것에는 비슷한 플랫폼이 여러 개 있을 필요가 없기 때문에, 이름만 다른 여러 기업이 경쟁하다가도 자연스럽게 하나로 모이는 현상이 반복된다.

국가와 지역마다 대표적인 메신저 서비스가 다르게 정착된 것을 보면 알 수 있다. 한국은 카카오톡, 일본과 대만, 태국, 인도네시아 등은 라인, 중국은 위챗, 유럽과 남미는 왓츠앱으로 정리되었다. 물론 예전 PC 시절에도 컴퓨터의 OS는 마이크로소프트 윈도, 사무실에서 쓰는 각종 오피스 프로그램은 마이크로소프트의 워드, 파워포인트, 엑셀 등으로 정리된 적이 있다. 사람들끼리 주고받아야 하는 파일의 형태가 다르면 같이 일을 할 수 없기 때문이다. 이것도 역시 네트워크 효과의 일종이다. 과연 이런 독점이 나쁜 이유는 무엇일까? 아니, 이런 독점이 정말 나쁜 걸까?

산업화시대에 독점을 깨야 한다고 생각한 가장 큰 경제학적 이유는 '시장은 가격 메커니즘을 통해 사회의 부를 효율적으로 재분배하는데, 독점기업은 가격을 스스로 결정하기 때문에 원래 소비자가 가져야 할 부를 가져가기 때문'이었다. 독점기업 스스로 시장의 규칙이 되면 시장에서 형성되는 것보다 가격을 높게 책정하기 때문에 시장이 망가진다는 의미다.

그런데 모바일시대의 플랫폼은 사실상 모두 독점기업이고, 시장의 규칙이 됐다. 구글과 페이스북은 모바일 광고의 규칙이다. 페이스북이 광고 알고리즘을 바꾸면 미국은 물론 한국의 온라인 광고 업계가 다같이 휘청인다. 아마존은 이커머스의 규칙이다. 아마존의 가격에 따라 경쟁 사업자의 전략이 움직인다. 그런데 아직 소비자는 이런 모바일 서비스를 무료로 또는 아주 싸게 이용하고 있다. 이들은 가격을 올릴 생각도 별로 없어 보인다. 모바일시대의 독점기업은 가격으로 소비자를 불편하게 하는 것이 아니기 때문이다.

페이스북의 개인정보 유출 사건을 보면, 독점을 바라보는 산업화시대의 논리가 조금은 바뀌어야 할 것 같다. 모바일시대의 독점기업은 단순히 돈을 많이 버는 가격 설정자price maker를 넘어, 사회적인 가치를 좌우하는 권력이 되어가고 있기 때문이다. 상품이나 서비스를 장악하는 것이 아니라 정보를 장악하기 때문이다.

구글은 문자나 사진 검색뿐만 아니라, 사실상 유튜브로 대표되는 동영상 정보까지 독점하고 있다. 페이스북은 '좋아요'를 통해 가장 민감한 사람들의 속마음에 관한 정보, 무엇을 좋아하고 무엇을 싫어하는지에 관한 내밀한 정보를 혼자 갖고 있다. 아마존은 '별점'과 '후기'로 대표되는, 사람들이 돈을 쓰는 심리와 선호에 관한 정보를 압도적으로 많이 갖고 있다. 과연 이러한 정보는 원래 누구의 것이고, 누가 이용할 수 있는 것일까?

정보와 데이터의 가치는 하늘을 찌를 듯 치솟고 있다. 인공지능 시대가 다가오고 있으며 빅 데이터라고 하는 엄청난 양의 정보가 없으면 인공지능을 고도화할 수 없다. 인공지능은 사람이 가르쳐주는 것만 배우는 것이 아니라, 데이터를 통해 스스로 배워 수준을 높이기 때문이다. 매일 수십억 건씩 반복되는 사람들의 구글 검색 행위는 구글이 사람들의 검색 성향에 관한 어마어마한 자료를 인공지능에 넣을 수 있게 해준다. 3000만 건의 바둑 기보 데이터가 없었다면 알파고는 이세돌 9단을 이길 수 없었을 것이다. 자율주행차는 도로와 상황에 관한 데이터를 얼마나 많이 갖고 있느냐에 따라 사고율이 결정된다.

이제 인공지능을 이용하지 않으면 어떤 서비스를 출시할 수 없는 시대가 올지도 모른다. 이런 상황에서 데이터는 단지 서비스의 우열이 아니라 생존 그 자체를 결정하는 요소가 될 것이다. 그 중요한 데이터는 지금 현재 거대 IT 플랫폼에 집중돼 있다.

미국 연방제3항소법원의 슬로비스터 판사가 2003년 3M 판결에 쓴 문장이 다시 떠오른다.

▌이제 기업들은 정보와 데이터를 독점하려고 할 것이다.

"민주주의가 외부 압력에 의해 제약받지 않는 자유로운 정치 제도하에서만 잘 돌아갈 수 있듯, 자본주의 시장경제 역시 시장 지배력이 있는 자들을 끊임없이 감독해야만 살아남을 수 있다. 그것이 반독점법의 목표다."

과연 산업화시대의 독점기업 타파 논리가 21세기 모바일시대에도 여전히 유효할까? 모바일시대에 시장을 독점하지만 가격은 올리지 않고, 소비자에게는 끊임없이 좋은 것을 주는 거대 IT 기업과 초기업은 계속 반독점법의 면죄부를 받을 수 있을까? 이제 반독점법이 다른 논리로 독점기업을 감독해야 할 때가 아닐까? 독점기업은 이제 단순히 수익을 높이는 데만 집중하는 것이 아니기 때문이다. 그렇다면 반독점법이 독점기업을 다루는 방법이 지난 130년 동안과 같아도 될까? 석유 회사와 담배 회사, 전화 회사를 지역별로 쪼갠 것처럼 아마존과 페이스북도 나눌 수 있을까? 어쩌면 모바일시대에는 그들이 가진 정보와 데이터를 소비자에게 돌려주는 것이 독점기업을 해체하는 것과 같은 효과를 가져오지 않을까? 독점기업의 새로운 전략과 법원의 새로운 판결, 그리고 함께 등장할 새로운 법이 기다려진다.

'착한' 독점기업의
시대가 온다

2015년, 다시 돌아온 한국에는 1년 반 동안 익숙했던 그것들이 없었다. 구글 맵은 있지만, 엉터리 정보만 보여주니 쓸 일이 없고, 아마존처럼 원클릭으로 물건을 살 수 있는 이커머스 사이트나 앱도 없었다. 구글 맵은 미국뿐만 아니라 유럽에서도 완벽했다. 버스와 지하철 같은 대중교통은 물론이고, 기차와 항공편까지 모두 정확한 정보를 보여주었다. 식당을 찾을 때도, 날씨를 볼 때도 구글 맵을 열었다. 출장을 가거나 여행하는 데 없어서는 안 될 서비스였다. 한국으로 돌아와서 다시 공인인증서와 새로운 창이 계속 뜨는 결제 시스템에 적응하는 것은 썩 기분 좋은 경험은 아니었다. 하지만 유료 회원이 아니어도 2~3일이면 집으로 오는 한국의 배송 시스템은 확실히 좋았다.

스마트폰에는 다시 네이버 지도와 다음 지도가 깔렸다. 군부대나 청와대 같은 곳은 우스꽝스러운 산이나 논으로 덧칠해져 있지만, 일상생활을 영위하는 데는 아무 문제가 없었다. 스트리트뷰Street View 는 구글맵의 서비스와 똑같이 적용돼 있어서 괜찮았다. 그리고 지마켓과 11번가 앱이 깔렸다. 2년 전보다 확실히 빨라지고 편리해져서 금방 적응이 됐다. 한국에 돌아온 것이다. NYU 옆 골목에서 먹던 육즙이 터지는 버거나 베트남식 국수인 버미셀리vermicelli가 가끔 생각나서 나를 괴롭혔지만, 매일같이 쓰던 구글 맵과 아마존은 신기하게도 빠르게 지워졌다. 네이버 맵과 다음 맵, 그리고 지마켓과 대형 마트가 구글 맵과 아마존을 완벽히 대체했다.

새로운 반독점의 가치는 '다양성'이 아닐까

구글과 네이버, 아마존과 지마켓. 엄청난 규모와 자금력의 차이에도 불구하고 한국의 플랫폼이 수많은 이용자를 계속 유지할 수 있는 이유는 아마도 '익숙함' 때문일 것이다. 그리고 시간을 벌 수 있었기 때문일 것이다. 미국과 유럽 중심의 자본주의 시장경제에서 자본을 축적한 초기업이라도 그의 손이 머나먼 한국에 미치기까지는 시간이 걸린다. 그런데 1990년대 한국은 정부 주도의 강력한 통신망 사업 덕분에 미국이나 유럽과 거의 비슷한 시기에 다양한 IT 기업이 생겨날 수 있었다. 그리고 그들은 경쟁자가 도착하기 전에 이미 이용자를 사로잡았다. 이제 익숙함이란 높은 성벽이 한국 IT 기업을 보호하고 있다.

　다만 시간이 흐르고 미국이나 유럽, 한국의 IT 환경은 거의 차이가 없어졌고 새로운 사업 모델이 한국으로 향하는 시간이 점점 빨라지고 있다. 싸이월드가 어려움을 겪는 중에 페이스북이 SNS 시장을 장악했고, 카카오스토리 같은 사진 공유 SNS가 나왔지만 이용자를 완벽히 장악하기 전에 인스타그램의 힘에 압도되고 말았다. 또한 넷플릭스는 한국에서도 빠르게 이용자를 늘려가는 중이다.

세계적으로 사람들이 같은 플랫폼으로 모이는 현상은 더욱 두드러진다. 유튜브나 콰이Kwai 같은 동영상 플랫폼은 한국에서도 젊은 세대의 하루 중 가장 많은 시간을 가져간다. 유튜브는 잠시 아프리카TV 같은 국내 토종 플랫폼과 경쟁하는 듯하더니 이제는 사실상 유일한 동영상 플랫폼으로 자리 잡았다.

거기다 기술의 발전은 어떠한가. AI 스피커는 곧 집 안에서 생기는 모든 음성을 이해하고 그에 맞춰 동작할 것이다. 블록체인 기술은 모든 정보를 공개적으로 투명하게 보존하고 전달할 것이다. 더 많은 사람이 이용할수록 더 좋은 서비스가 되는 모바일시대의 플랫폼. 물론 결국에는 많은 분야에서 하나의 플랫폼이 독점의 지위를 차지하겠지만, 산업화시대의 독점기업처럼 가격을 올리거나 소비자를 괴롭히지는 않을 것 같다. 오히려 소비자를 대신해 판매자를 압박하는 '착한' 독점 플랫폼이 계속해서 생겨날 것이다. 그런데 착한 독점 플랫폼을 과연 그대로 두어도 되는 걸까? 계속 커지게 놔둬야 할까?

더 이상 가격을 올리지도 소비자를 괴롭히지도 않는 모바일시대의 초기업이지만, 우리 사회와 경제의 생태계를 건강하게 유지하고 '다양성'이라는 가치를 지키기 위해, 그리고 독점기업이 권력이 되어 정체되고 썩지 못하게 하기 위해서라도 어딘가에서 선은 그어야 한다는 생각이 든다. 130년 전 석유 가격을 전혀 비싸게 올리지 않았던 록펠러를 규제하기 위해 '자유로운 거래를 제한하는 모든 합의'를 금지했던 존 셔먼 의원의 생각도 어쩌면 비슷하지 않았을까?

한국에 돌아와서도 구글 맵이나 아마존을 썼다면 편했겠지만, 네이버나 다음 맵을 쓰고 지마켓에서 물건을 사는 것이 더 좋았던 이유는 바로 한국이라는 느낌 때문이었다. 어느 나라나 도시가 모두 똑같은 풍경이라면 여행은 재미없을 것이다. 도쿄에 가면 거기서만 먹을 수 있는 음식이 있고, 뉴욕에 가면 거기서만 볼 수 있는 풍경이 있으며, 상하이에 가면 또 다른 문화를 만날 수 있으니 재미있다.

단순한 재미를 넘어서, 이렇게 다양한 음식과 문화가 존재하는 것은 언제나 서로에게 자극을 준다. 그리고 서로 섞이기도 하고 반작용을 일으키기도 하면서 또 다른 것으로 발전할 수 있는 동기가 된다. 모두 똑같다면 더 이상 새로운 것이 나오지 않을 것이고, 결국 정체하고 쇠퇴하게 되지 않을까.

고인 물이 되지 않기 위해서

2018년 6월 미국의 제너럴일렉트릭GE : General Electric이 다우존스Dow Jones 지수에서 빠진다는 기사가 있었다. 무려 115년 동안 지수에 포함돼 있던 GE의 퇴출 소식에 많은 사람이 놀랐다. 사실 미국과 같이 거대하고 열린 시장에서는 끊임없이 기업들이 시장에 진입하고 퇴출된다. 필름 카메라의 대명사였던 코닥이 디지털카메라의 등장과 함께 몰락하고, 영원할 것 같았던 마이크로소프트의 윈도가 모바일의 등장과 함께 일순간에 힘을 잃었다. 변화하는 환경에 적응하지 못한 기업은 결국 사라졌다.

반독점법은 기업의 시장 진입과 퇴출에 큰 역할을 해왔다. 아무리 성공적으로 시장을 장악한 기업이라고 해도, 원래 가지고 있던 힘을 새로운 시장에서 이용하지 못하게 했다. 치열하게 가격으로 경쟁하는 기업은 아무리 힘들어도 서로 휴전을 선포하지 못하게 했다. 경쟁자를 돈으로 사서 없애 버리려고 하는 것도 금지하거나, 아니면 까다로운 조건을 걸었다. 이 모든 것은 시장이라는 생태계를 건강하게 유지하기 위한 일이다. 누구나 들어올 수 있도록 하기 위해, 누구든 경쟁에서 지면 퇴출될 수 있는 경기장, 그렇게 지속 가능한 시장을 지키기 위한 것이다.

모바일시대가 되면서 새로운 플랫폼 사업자가 시장을 새로 만들고 또 독점하고 있다. 구글, 아마존, 페이스북, 애플 같은 거대 초기업은 결국 그들의 선배처럼 또다시 반독점법 교과서의 한 페이지를 장식할 것인가? 아니면 새로운 법을 낳을 것인가?

적어도 하나는 분명한 것 같다. 아니, 분명하다고 믿고 싶은지도 모른다. 그것은 어떤 독점기업 때문에 시장과 우리 사회의 커뮤니티가 건강하게 유지되지 않는다고 생각하는 사람들의 생각이 모일수록 법은 그들을 대신해 새로운 기업에게 돈을 벌 기회를 줄 것이라는 사실이다. 법은 결국 고인 물을 다시 흐르게 하고, 다양성의 힘으로 새로운 질서를 만들려고 할 것이다. 큰 시장에서든, 작은 시장에서든. 아마존에서든, 한강에서든.

1 Greg Sterling, 「New survey says Google Maps favored by nearly 70 percent of iPhone users」, Search Engine Land, 2016.

2 J. Clement, 「Worldwide desktop market share of leading search engines from January 2010 to July 2019」, statista, 2019.

3 「Online Video Platforms, YouTube」, Datanyze

4 Chau, Melissa, Reith, Ryan, "Smartphone Market Share", IDC, 2019.

5 "The Standard Oil Company of New Jersey, et al. v. United States, 221 U.S. 1" (1911)

6 「석유란 무엇인가?」, 대한석유협회

7 "United States v. Microsoft Corporation, 253 F.3d 34" (D.C. Cir. 2001)

8 Case T-201/04R, 2004 ECR II-02977

9 International Business Machines Corp. v. United States, 298 U.S. 131 (1936)

10 International Salt Co., Inc. v. United States, 332 U.S. 392 (1947)

11 Interbrand, 「인터브랜드 2018년 베스트 글로벌 브랜드 발표」, 2018.

12 Eastman Kodak Co. v. Image Technical Services, 504 U.S. 451 (1992)

13 Lorain Journal Co. v. United States, 342 U.S. 143 (1951)

14 Eastern R. Conference v. Noerr Motor Freight, Inc., 365 U.S. 127 (1961)

15 Aspen Skiing Co. v. Aspen Highlands Skiing Corp., 472 U.S. 585 (1985)

16 LePage's Inc. v. 3M, 324 F.3d 141, 159 (3d Cir. 2003), cert. denied, 542 U.S. 953 (2004)

17 Williams Oil Co. v. Philip Morris U.S.A., 346 F.3d 1287 (11th Circuit, 2003)

18 Brooke Group Ltd. v. Brown & Williamson Tabacco Corp., 509 U.S. 209 (1993)

19 Goldfarb v. Virginia State Bar, 421 U.S. 773 (1975)

20 National Society of Professional Engineers v. United States, 435 U.S. 670 (1978)

21 United States v. Brown University, 5 F.3d 658 (3d Cir. 1993)

22 National Collegiate Athletic Association (NCAA) v. University of Oklahoma, 468 U.S. 85 (1984)

23 Zachary Mack, 「What Amazon tells us about antitrust today」, THE VERGE, 2019.

24 Brooke Group Ltd. v. Brown & Williamson Tabacco Corp., 509 U.S. 209 (1993)

25 「Amazon Ebook Market Share 2017 – is it big enough?」, publishdrive, 2017.

26 FTC v. Whole Foods Market, Inc., 548 F.3d 1028 (D.C.Cir. 2008)

27 「Cloud market share Q4 2018 and full year 2018」, canalys, 2019.

28 도안구, 「아마존 클라우드에 대한 오해 5가지」, 블로터, 2011.

29 「More Amazon marketplace sellers use Fulfillment by Amazon」, Ecommerce News europe, 2017.

30 Sean Silverthorne, 「Amazoned: Is Any Industry Safe?」, Harvard Business School, 2018.

31 「베조스가 20년 전 냅킨에 그렸던 경영철학 엿보기」, 인터비즈, 2017.

32 문가용, 「드디어 끝난 타깃 해킹 사건, 최종 벌금은 185억」, 보안뉴스, 2017.

33 대법원 2007. 1. 22. 선고 2002두8626 전원합의체 판결

34 윤정훈, 「현대기아차, 내수 판매 120만대 '눈앞'… 70% 점유율 달성은 힘들어」, 아주경제신문, 2015.

35 대법원 2015. 12. 24. 선고 2013두25924 판결

36 김보라, 류시훈, 「진라면보다 싸게… 농심 '700원 라면' 내놓고 "붙어보자"」, 한국경제신문, 2019.

37 서울고등법원 2018. 1. 31. 선고 2015누38131 판결 등

38 대법원 사건번호2018두37960

39 Pacific Bell Telephone Co. v. Linkline Communications, 555 U.S. 438 (2009)

40 United States v. Paramount Pictures, Inc., 334 U.S. 131 (1948)

41 서울고등법원 2017. 2. 15. 선고 2015누44280 판결

42 대법원 2017. 7. 11. 선고 2017두39303 판결 (심리불속행기각)

43 대법원 2018. 5. 30. 선고 2015다251539 판결

44 Carlos Diuk, 「The Formation of Love」, Faccbook Data Science, 2014.

45 이석원, 「상반기 인터넷 쇼핑 결제금액 살펴보니…」, 벤처스퀘어, 2019.

46 Rajiv Rao, 「Guess who looks more like a global, octopus-like Amazon in India? (Hint: It isn't Amazon)」, ZDNet, 2019.

47 최준호, 「카카오 A to Z 1편 - 월간 순사용자, 매출은 얼마일까?」, 벤처스퀘어, 2014.

위대한 업적을 달성하기 위해선
때론 착한 일 따위는 제쳐두어라.

_ 존 록펠러

그들은 어떻게 독점시장을 만드는가

초기업의 시대

초판 1쇄 발행 2019년 11월 1일
초판 2쇄 발행 2019년 12월 2일

지은이 천준범
펴낸이 김선준 이승호

책임편집 배윤주
디자인 김미령

펴낸곳 페이지2북스 **출판등록** 2019년 4월 25일 제 2019-000129호
주소 서울시 마포구 동교로 64-9, 2층
전화 070) 7730-5880 **팩스** 02) 332-5856
이메일 page2books@naver.com
종이·출력·인쇄·후가공·제본 (주)현문

ISBN 979-11-968310-0-4 (03320)